EL SECRETO ESTÁ EN EL PRODUCTO

Conviértete en la siguiente estrella de ventas de tu compañía

KANDY PARTEMIA

2017

Dedicatoria:

A la memoria de mi madre la Profesora Candelaria Torreblanca Campos gracias por su legado, su amor y su paciencia que me acompañan en cada uno de mis logros.

A mi amada hermana Yira que me ha dejado ser y enloquecer su vida.

A Lakshmi por ser mi cómplice de negocios y de vida.

A Gaby por enseñarme que la Libertad es mi esencia divina.

A mis tías Macita, Mamá Lupita, Fide, Niche, Loydi, Mary y Petra por ser mis primeras maestras.

A Mary Kay, la mujer y la empresa que me inspira a seguir adelante y con su compañía me da las herramientas necesarias para ser una mejor mujer en el mundo.

A cada una de mis hermanas Consultoras de Mary Kay.

A mi directora la señora Elsa Gámez por confiar en mi, inspirarme y apoyarme siempre.

Contenido

El precio de este ebook es accesible a cualquier
persona, ayuda a difundir de manera legal
copias pagadas que me permitirán en lo
sucesivo seguir escribiendo y a ti enriquecer tu

vida y tu experiencia por medio de mis palabras. Mi gratitud para con tu ética.

UN OBSEQUIO PARA TI

Como una forma de agradecer el haber adquirido este libro en su versión digital, tengo un regalo para ti, accediendo a mi sitio web www.kandypartemia.com y llenando el formulario correspondiente te daré acceso al entrenamiento en audios "El Producto", es importante que dejes claramente tus datos incluido un número telefónico con WathsApp por que es la vía en que te daré este valioso regalo.

Deseando ver tus sueños logrados te deseo una lectura amena y provechosa y un regalo de utilidad y accionable al 100%.

INTRODUCCIÓN

Bienvenida, bienvenido.

Mi mensaje es muy sencillo: "si quieres que algo suceda debes crearlo en tu mente y actuar de manera consistente para lograrlo cada día de tu vida", y en este sentido el objetivo de este pequeño manual es brindarte muchas herramientas y estrategias para que desarrolles negocios, Robert T. Kiyosaki, autor del Best Seller Rich Dad, Poor Dad y maestro de educación financiera ha descrito que existen tres fuentes principales de generar riqueza, una es los bienes inmuebles, la otra son los negocios de todo tipo, y la tercera son las inversiones en Bolsa de Valores.

Los tres son complementarios y se pueden ejecutar planes para generar, conservar e incrementar el dinero con cada una de ellas.

El día de hoy quiero compartir contigo mi experiencia sintetizada en este libro respecto al desarrollo de los negocios, principalmente de los negocios de mercadeo en red, aunque funciona para cualquier tipo de negocios incluidos también los bienes y raíces; en él descubrirás de manera muy didáctica la forma de vender prácticamente cualquier cosa y cuando me refiero a cosa, no necesariamente estoy enfocada a productos u objetos físicos.

Con este libro quiero modificar un paradigma respecto a las ventas, el viejo paradigma que se encuentra en la mayoría de las personas es que las ventas no son para todos, y el argumento más repetido es porque se conciben a los vendedores como timadores, estafadores, mentirosos, gente dispuesta a "vender a su madre por un dólar", esa idea, nos ha hecho mucho daño como personas, porque un vendedor es totalmente lo contrario, un vendedor es aquel profesional (así es, se debe estudiar para serlo y debe haber algo que lo acredite como tal) que ayuda a resolver problemas a los demás por medio de un intercambio justo y equivalente de valores, eso es un vendedor desde la perspectiva que intentaré mostrarte en los siete capítulos que conforman este libro.

En el primer capítulo *El Valor de las Redes*, me centro en erradicar ese mal concepto respecto a ser vendedor o vendedora, y te muestro cómo para poder cerrar una venta necesitas tener una red de personas que te acompañen en el proceso de vender, seas o no consciente de esas redes, están y cuando tomas conciencia de ellas ya vas un paso adelante porque descubres que entre más grande y más fuerte sea tu red, mayores serán tus ventas, más constantes y a la vez más benefactoras hacia el mundo.

En este primer capítulo, te mostraré lo que para mi representa tener éxito en los negocios y enlistaré tres características que son importantes para distinguir los buenos negocios de los malos: libertad de tiempo, aprendizaje permanente y activo, y ganancias ilimitadas, también destruiré ese mito de que redes de mercadeo son "árboles", y descubrirás que antes que ser árboles las redes de mercadeo son una relación lineal de intercambio de valores equivalentes.

En el capítulo dos, titulado *¿Cuál es tu producto?*, reconocerás que el producto que vendes no es un producto como tal; es más bien, un valor empaquetado en forma humana, el producto eres tú y si presta atención, apartir de ste capítulo encontrarás las claves del secreto que te revelo en este libro, de ahí su nombre "PRODUCTO".

En este segundo capítulo aprenderás a "tejer redes de valor" y conocerás las cinco cualidades que debes desarrollar para obtener ese secreto "PRODUCTO" que será deseado por todos tus clientes.

En el tercer capítulo, conocerás una serie de principios que te conviene desarrollar si en verdad tu emprendimiento va en serio y quieres generar ventas a nivel profesional, en *¿Cuánto vale ese "producto"?* aprenderás a comunicar de manera asertiva la confiabilidad que hay en ti.

Para el cuarto capítulo, estaré apoyándote a desarrollar estrategias 100% aplicables a cualquier modelo de negocio ahí pensarás *en 5 formas de incrementar el valor de lo que vendes* y con ello te "despegarás" de la mayoría de tus competidores al ofrecer un producto irrepetible y de mucho valor para tus prospectos y clientes.

En este punto del libro, debes reconocer dos cosas con claridad: una es que el producto que ofreces debe dar más valor del que vale en el mercado, NO necesitas recurrir a prácticas desleales como bajar de precio o dar más barato que la competencia, eso no ayuda a nadie y menos a ti; por ello la segunda cosa importante que debes tener clara para este quinto capítulo será que reconozcas *¿Cuánta gente conoces?*, para con esa respuesta y comprensión del verdadero Valor de las Redes encamines tus esfuerzos a conocer gente nueva cada día.

Y con esto en mente, de conocer gente entre la gente, en los últimos dos capítulos de este libro encontrarás información detallada del Valor de tu "producto" irrepetible en tiempo, con *El "Triángulo de Tu Tiempo"*, que conocerás en el capítulo seis comprenderás que las redes aportan valor a tu vida más allá de las ganancias económicas, ya que estas llegan por "añadidura" a tu vida cuando comprendes que tu verdadero negocio es *¿Cómo encontrar "Gente entre la Gente"?*; lo cual comprenderás en el último capítulo.

Sin más, reitero mi gratitud a la confianza que prestas en leer este pequeño esfuerzo que he hecho con el afán de mejorar tu vida y juntos, recomenzar en Esperanza (Principio Esperanza de Ernest Bloch) hacia un Mundo muy Otro (EZLN), uno como dicen Santiago López Petit, que nace desde el "vientre de la bestia".

KANDY PARTEMIA
MÉXICO 2017.

1. El Valor de las Redes.

Ahora te cuento la razón de ser de este libro, durante muchos años me he dedicado a las redes de mercadeo, siempre intentando ganar un extra de dinero y poder construir un negocio sólido.

A partir de los diecinueve años entré a mi primer multinivel, estaba muy emocionada porque aparte de que estaba ganando lo que en ese momento para mi era mucho dinero, mi cuerpo adelgazó más de 15 kilos, me sentía realmente estupenda; sin embargo, mis patrocinadores se divorciaron, en ese momento mi prioridad era estudiar y sacar una carrera universitaria, por lo que fui dejando de lado el negocio, después tuve otra oportunidad, era un negocio de cosméticos, pero en realidad yo no usaba maquillaje en ese entonces así que obviamente se me dificultó "mover" el producto, y terminé desistiendo a los pocos meses de haber arrancado, así, iba de negocio en negocio, hasta que llegué a pensar que en realidad el mercadeo en red era un fraude, y que los únicos que ganaban con esas "pirámides" eran los fundadores de la marca, y lo veía, gente que de haber vendido carnitas pasaba a convertirse en grandes magnates de la industria, los más ricos de mi país, de Latinoamérica, era tan frustrante ver que nada podía hacer, me convertí en empleada e intenté revertir muchas de las políticas con un comprometido grupo de maestros que luchan por mejorar las condiciones laborales, me entregué a esa causa y dejé de lado los negocios; sin embargo, mi salud no mejoró en esas actividades de resistencia pacífica, al contrario, mi salud y mi poder adquisitivo era cada vez menor, pasé a ser día con día más pobre, no pude más y renuncié, con la muerte de mi madre, el poco tiempo que me quedaba para equilibrar mis otras áreas, con muchas deudas y enferma del hígado regresé a mi empleo, donde para variar tenían una concepción totalmente odiosa de la labor que había hecho los últimos años, creían que era una aviadora (así se les llama a las personas que teniendo una plaza laboral, sólo la cobran sin trabajar), me deprimí bastante pero también comprendí que a nadie puedo salvar porque quizá ni siquiera sientan que necesiten ser salvados, como dice el dicho "aman sus cadenas", entonces, me enfoqué en mi propio desarrollo, llegué a la conclusión de que si cambiaba, si consigo transformar mi realidad, voy a ayudar con mi ejemplo a que el mundo cambie, voy a irradiar esa transformación y quien tenga la capacidad de reconocer en mi ese liderazgo, hará lo mismo con su vida y entonces si, todos y todas haciendo ese cambio de paradigma, ese cambio en la mente, de pensamiento, entonces si podrá cambiar mi país, y el mundo entero.

He llegado a comprobar esto que te comparto, cuando haces lo que debes de hacer, cuando te responsabilizas de tu vida, y te amas, realmente te amas, las cosas cambian, en realidad eres tú quien lo hace, pero el mundo comienza a reconocerte y pasas de un círculo vicioso de negatividad y pesadumbre a uno virtuoso de amorosidad, responsabilidad, felicidad y satisfacción, dejas de lado la victimes, y te conviertes día a día en un ser excelente y extraordinario, y eso, es el primer motivo de que haya escrito este libro.

Ahora que conoces un poco de mi y las motivaciones que tengo de compartir contigo mi experiencia, pasemos al título de este capítulo, El Valor de las Redes, hay dos palabras centrales en esta frase, Valor y Redes, bueno, empiezo con la segunda, como te dije tengo mucha experiencia en fracasos de las redes de mercadeo, pero lo que no te he dicho es que después de esas experiencias de fracasos he tenido otras de muchísimo éxito, y el éxito es un termino muy subjetivo, para mi tener éxito en redes de mercadeo representa tres cosas: Libertad de Tiempo, Aprendizaje Permanente y Activo, y, Ganancias Ilimitadas.

Libertad de Tiempo

Tener Libertad de Tiempo, significa que si sigues al pie de la letra el método que hoy voy a compartir contigo, desarrollarás en tiempo récord ganancias extraordinarias en tu red de mercadeo, cualquiera que esta sea, también me comprometo contigo a que si sigues mis entrenamientos, más adelante te diré cómo puedes acceder a ellos. De momento te puedo decir que son ejercicios muy simples que llevarán tu negocio y tu vida al siguiente nivel de excelencia.

Te enseñaré a usar el tiempo de manera muy eficiente, día a día verás con tus propios ojos cómo tienes más tiempo, fíjate, que las personas que te dicen frases como "es que no tengo tiempo", "es que la escuela", "es que mi trabajo", "es que mi familia", y un sin número de "esques", si analizas un poquito sus vidas y lo que hacen durante el día, te darás cuenta que (y no lo hago con el afán de menospreciar a nadie, simplemente es para reflexionar lo que pasa por la vida cotidiana de millones de personas), si analizas su día, verás cosas como actividades totalmente improductivas, ver televisión, pasar el rato en el Facebook, en el WhatsApp, en el internet sin rumbo ni objetivo, simplemente saltando de hipervínculo en hipervínculo, y quiero que entiendas muy bien esto que te digo, no estoy en contra de las tecnologías, pero si debes reconocer que si no las dominas, ellas te dominarán a ti y con ello tu tiempo, y tu vida.

La mayoría de esas personas que dicen nunca tener tiempo, se levantan tarde, se acuestan tarde, también las verás que andan a las carreras, pero sobre todo las vas a reconocer porque nunca tienen dinero, ¡nunca!; supuestamente trabajan todo el día pero cuando les "caes" trabajando, puedes ver que pierden el tiempo platicando con sus compañeros, haciendo cosas totalmente improductivas, e insisto no es malo ni un rato de ocio ni platicar ni usar las redes sociales, lo malo es no saber para qué las usas, estás en todo caso siendo usado por ellas.

Una persona que nunca tiene tiempo, la ves demacrada, realmente no tiene tiempo de vivir, en permanente estado depresivo, son por lo general muy moralistas, hacen lo que "Dios quiere", esa es su perspectiva y condenan al dinero y a los ricos como avaros que se condenarán por ser tan materialistas. Bueno, realmente ya estarás identificando a muchas personas a tu alrededor que coinciden con este tipo de "no tener tiempo", no me detengo más en ello y paso al punto importante del valor de las redes.

Ser Libre en Tiempo no quiere decir que te la pasas acostado, acostada, rascándote la panza sin hacer nada, si esa es tu idea de tener libertad creo que debes asumir que estás en el ejército de los millones de personas que son los "esques" sin tiempo. Tener Libertad es la posibilidad de estar donde quieres estar, haciendo obviamente muchas cosas, que a ti te agraden y te hagan sentir feliz.

Mira, te voy a contar dos anécdotas que se han repetido cientos de veces en el mundo de la farándula la primera y la segunda es una historia de dominio popular que si se interpretan adecuadamente ambas nos dejan un aprendizaje muy poderoso, así que presta muchísima atención:

La primera historia es caso de la vida real, hay deportistas que consiguen la fama después de haber salido digamos de la pobreza extrema, al llegar a ser campeones, al obtener grandes reconocimientos y premios, su vida obviamente se transforma, viven lo que a ellos les da alegría y satisfacción, desgraciadamente no usan en su mayoría el sentido común, y en pocos meses o años han perdido todo o casi todo, se declaran en bancarrota y se dedican a otra cosa, sus carreras como grandes estrellas del deporte han terminado.

Desgraciadamente, como te decía, no todos tenemos el sentido común desarrollado y esos grandes deportistas venidos a menos, desperdiciaron la oportunidad de seguir viviendo "en el paraíso". Algunos acaban incluso con sus vidas, los hemos oído, aparecen en estados inconvenientes, "se les sube la fama", estrellan sus autos de millones de dólares, terminan incluso enfermos, adictos a alguna droga y en la calle.

¿Qué fue lo que les pasó a estos grandes deportistas?, la historia aplica para cualquier oficio, pero los deportistas son los que más ejemplos nos han dado en los medios masivos de comunicación, así que para fines prácticos elegí este caso.

Tuvieron tiempo, pero, en lugar de gastarlo en generar más dinero, desperdiciaron su fama para juntarse con gente que los hundió, en vez de haber creado redes de personas que les edificaran y los consolidaran en sus carreras deportivas y financieras, seguramente cedieron el poder de sus recursos a otras personas, a veces familiares que no tuvieron escrúpulos o que incluso los hayan timado o robado, abusando de su confianza y falta de conocimientos en asuntos financieros.

Ganaron y perdieron, el tiempo simplemente lo gastaron en una vida ociosa y se quedaron con la fama pero la fama no da de comer ni resuelve los gastos económicos de una familia.

La Libertad de tiempo se pudo haber logrado revirtiendo sus acciones, haciendo una red de socios para invertir adecuadamente sus recursos, entre ellos la fama, hacer publicidad, comprar activos para generar ingresos pasivos, hasta invertir en la bolsa o mínimo generar un plan de ahorros para el retiro o la jubilación; todo ello se consigue con una "Red", por eso el tema de este capítulo es precisamente que entiendas que para poder vender, necesitas de una red independientemente de si haces mercadeo en red o no, y que entre más valor le agregues a esa red, mayores serán tus ventas, porque sin ventas no hay paraíso permanente, así que sigue leyendo la siguiente historia sobre la Libertad de Tiempo.

Ahora, nuestra segunda historia, más o menos va a sí, un día estaba un hombre humilde en una playa, se encontraba deprimido porque tenía muchos problemas de dinero, su salario no le alcanzaba para darles de comer a su familia y entonces deseó tener mucho dinero, pasaba por ahí un ángel que al verlo afligido le preguntó, "¿para qué quieres dinero?", a lo que el hombre humilde contestó, "para poder comprar cosas para mí y para mi familia, para poderles dar una buena alimentación y un buen vestido, calzado y una vivienda digna, para que no les falte nada", "muy bien, el ángel le sonrió, y una vez que tengas eso ¿qué harías?", el hombre humilde reflexionó por unos instantes y dijo "Invertiría en negocios y haría mucho más dinero", a lo que el ángel volvió a cuestionar "¿para qué quieres más dinero?" y el costeño contestó ya un poco molesto ante la insistencia de aquél ser celestial "pues para tener una vejez tranquila en una cabaña al lado de la playa y poder pasar mi tiempo disfrutando de la puesta del sol", así el ángel con una sonrisa amorosa y señalando al horizonte la puesta del sol de ese momento le preguntó por última vez antes de desvanecerse a las espaldas del hombre "'¿Te refieres a una atardecer como este?", aquél hombre quedó atónito, todo lo que deseaba era precisamente lo que estaba viviendo en ese momento.

A veces la Libertad del Tiempo adquiere diferentes significados para cada quién.

¿Y para ti qué es Libertad de Tiempo?

Es interesante que reflexiones en los dos ejemplos, son bastante similares respecto a lo que representa para ti y para todos nosotros la Libertad de Tiempo, pero una cosa es segura, aunque las redes sean familiares, siempre hay una Red de personas que añaden valor a tu vida, que te "compran" ciertas ideas o productos y que con eso que te "pagan", se cierra una venta y por tanto, puedes disfrutar de tu paraíso personal.

Aprendizaje Permanente

Las Redes me han dado a mí una conciencia de aprendizaje permanente, no sólo porque necesito capacitarme para cerrar ventas, también por que me permiten conocer gente interesante que enriquece mi vida, las Redes dan Valor y para desarrollar las Redes hay que hacer un intercambio justo de Valor.

Precisamente es aquí donde quiero que centres tu atención, en el apartado anterior vimos el tipo de personas de los "esques", que nunca tienen tiempo pero tampoco dinero, o sea que los "esques" también son muy improductivos, ahora veamos la conducta de otro tipo de personas: a estos les llamaremos los "no sé trabajar en equipo", ¿los conoces?, ¿hay alguien cercano que define esta triste historia?

Así es, los "nadie mejor que yo", parten de la siguiente idea: "nadie entiende las cosas que digo así que es mejor que lo haga sólo o sola", también tiene otra frase muy característica "si quieres que las cosas salgan bien hazlas tú mismo" ¿ya reconociste a alguien con este tipo de personalidad?

Son personas que parten de la idea de que es mejor estar solo que mal acompañado, ¿y qué crees?, tienen razón, se quedan solos, y solas. Son personas que escudan sus miedos, inseguridades y falta de planes en que los demás son el problema, ¡menuda irresponsabilidad!, nadie es responsable de tu situación, tú generas tu situación, me gusta repetir esa frase famosa de Bill Gates que dice más o menos así: "si naciste pobre, es culpa de tus padres, pero si continuas pobre de adulto es culpa tuya solamente" y es cierta, yo pasé también por estos estadios, yo también me llenaba la cabeza de excusas de "esques",

31

adquirí una maestría en ese tipo de cuentos, que nadie creía pero que me permitían quedarme en la zona de confort que viví por muchos años, también era de las que pensaba que nadie sabía hacer las cosas como yo, efectivamente nadie las hacía tan mal cómo yo, pero ¿sabes qué?, cuando te "enredas" en Redes de Valor, tu vida cambia, entiendes que trabajar en equipo no es una opción es una regla, necesitas saber trabajar en equipo, y entre mayor motivación les des a los integrantes de tu equipo, se convertirán juntos y juntas en un equipo ganador, obtendrán muchas cosas y satisfacciones juntos, si vas solo, nunca llegarás lejos, de nada sirve llegar a la cima en solitario, quizá ni siquiera puedas regresar a celebrar tus triunfos porque se ha perdido el camino de regreso al "paraíso", así que entre más rápido entiendas lo que hay que cambiar de ti, más rápido llegarás a donde tienes que estar: al triunfo y a la Libertad de Tiempo para estar y hacer lo que quieras.

Ganancias Ilimitadas

El tercer beneficio de desarrollar Redes de Valor es que generas Ganancias Ilimitadas, ¿por qué? Porque las redes son redes de personas no solamente de mercadeo, las personas confían en ti, por ejemplo, te voy a contar un caso, mi amigo Helio, del que he aprendido muchísimo y me animó a escribir este libro que hoy tienes en tus manos y al que le agradezco profundamente todo lo que hace por la comunidad de Emprendedores Digitales en México.

Helio, como muchas personas que nos iniciamos en el mercadeo en red, vio una oportunidad, con el tiempo desarrolló un grupo muy sólido de socios, y de repente, la compañía multinivel quebró, si hubiese sido una persona común, el mundo se habría acabado en ese instante, o al menos hubiera decaído su ánimo muy por los suelos, sin embargo, él tiene muy claro lo que quiere, y ha desarrollado una habilidad importantísima en todos los empresarios y emprendedores: la resiliencia, así es, hizo de ese fracaso una Red de Valor, la gente lo seguía, creía en él entonces, lo único que había que hacer era migrar con su equipo a otra compañía o desarrollar él mismo sus productos. Eso es ser resiliente, salir adelante a pesar de las adversidades, dedícate a incrementar tu coeficiente de resiliencia y serás sí o sí un ganador en todas las áreas de tu vida y llegarás a todos los lugares que te propongas; sólo recuerda ir tejiendo una Red de Valor en tu camino.

El dinero es importante y claro que lo conseguirás con las redes, recuerda que no sólo me refiero a las redes de mercadeo, como verás más adelante tu negocio de ahora en adelante es conocer gente entre la gente, en el capítulo 7 te explico a lo que me refiero con esa frase.

Las redes te aportan mucho dinero, conocimiento, personas que comparten la visión de futuro que tienes, tus objetivos, por eso, desde mi experiencia las Redes de Valor representan Ganar – Ganar, te dan valor y tú les das valor y el enriquecimiento es mutuo en todos los sentidos y en todas las áreas de tu vida. Te invito a seguir tejiendo redes en todas las áreas de tu vida y cuando agregas valor a ellas, verás que tu vida cambiará y serás feliz muchos momentos del día.

¿Redes de Mercadeo o Mercadeo con Redes?

Hacemos redes de mercadeo, con negocios, ya sabes, es un esquema que surge en los años 60s del siglo pasado y que lo que hace es simplemente quitar algunos eslabones de la cadena de distribución de mercancías para beneficiar al intermediario (distribuidor independiente) y al consumidor final (cliente) los cuales obtienen el beneficio que variará de empresa en empresa pero que más o menos todas hablan de un plan jugoso de compensación por ventas y uno mucho más jugoso por inicios y crecer la red.

Con esto en mente, déjame comentar algo que escucho y que realmente denota la falta de conciencia de la gente cuando hablamos de redes de mercadeo, y que simplemente refleja dos cosas: miedo e ignorancia, algo que el sistema nos ha colonizado muy bien nuestras mentes y que nos convierten en dóciles seres domesticados.

"Las redes de mercadeo son una pirámide", sí, lo son, como muchas otras cosas en este sistema capitalista, y también en el socialista, es una pirámide que tiene una jerarquía si, lo es, una división de rangos, efectivamente, pero hay una gran diferencia entre una red de mercadeo y un sistema capitalista histórico, y esa es la comunalidad, así como lo oyes, y para muchos ortodoxos del socialismo y corrientes afines sonaré como el diablo, "-¿pero cómo te atreves a decir que esa pirámide neoliberal es una comunidad?", casi los veo, de hecho los he oído, no de frente pero si que los he oído a mis espaldas, y sí, las redes de mercadeo son una comunidad, de aprendizaje, también, de producción si pero sobre todo de humanización, y esto créeme que es muy difícil de comprender, pero una vez que hayas traspasado esa frontera de entender el porqué digo lo que digo, estarás a un paso de la cima, y desde esa cima encontrarás más que seguridad económica, efectivamente no muchos llegan a ese grado de comprensión, se quedan en que quieren saciar su "hambre" de dinero, quieren tener dinero, escalar rangos, ganar viajes, regalos, etc., quieren todo aquello que las redes de mercadeo ofrecen ganar con pocos pasos: "invita tres amigos, y esos tres otros tres y así sucesivamente y te harás rico", no, la simplificación de las cosas es una mentira, efectivamente en un esquema muy simple así funcionan los multiniveles pero eso es solo para nivel de comprensión, para poderlo desarrollar, comprender, experimentar y vivir de eso, se requiere que transformes tu mente y de paso ayudes a las personas a salir de sus escalas de creencias limitantes y autoconceptos destructivos, las redes de mercadeo sin duda son negocio, pero no te vayas con la finta, el producto es un pretexto para hacer esa comunidad de consumo, producción y apoyo económico que yo he podido descubrir en las redes.

Quiero que regreses un poco al tipo de comercio tradicional, desde el trueque hasta las transacciones de la bolsa de valores, hay una persona que necesita algo, si tienes ese algo se lo puedes intercambiar por otra cosa que te convenga obviamente, no importa si es un arco por una piel, o millones de dólares por una guitarra de Elvis Presley, hay un intercambio de valores, das valor, recibes valor, mientras se cumpla eso, las cosas funcionan y se puede seguir el proceso toda la vida, no importa si es un sistema socialista, hay un valor de intercambio y ese valor de intercambio entre mercancías es el trabajo, una persona en un país o en un contexto socialista, no recibe mucho dinero, pero si que debe trabajar y devengar los servicios y mercancías que el estado le provee, hay siempre un intercambio, seas o no consciente de ello, el intercambio sigue fluyendo en todas las relaciones y es ahí donde debes empezar a ver a las redes como un flujo múltiple de valor y si te dan múltiple valor, ¿qué crees que sea lo que tú debes dar a cambio?.

¡Así es, deberás dar múltiples valores!, la ecuación matemática es sencilla:

$$V = V$$

A igual valor corresponde su equivalente y si lo vemos como una red:

Valor 1 – Valor A
Valor 2 – Valor B
Valor 3 – Valor C

Frecuentemente vemos la explicación de las redes como un diagrama de árbol donde hay un solo origen y muchas ramitas que se van bifurcando hacia el infinito, para simbolizarlo matemáticamente está bien, pero nuestra mente debe modificar el arbolito por algo de linealidad de equivalencias, supongamos que te inscribes muy emocionado en una compañía multinivel, la que sea, empiezas a vender el producto y te va muy bien, pero llega un punto en que te das cuenta que ya no hay prospectos, ya no hay gente disponible, ya tienen quien les venda y comienzas a pensar que lo mejor sería que la compañía abriera un nuevo mercado en un remoto país e irte para allá a ser la primera persona en arrancar ese negocio, imagínate cuanta gente crees que piense lo mismo, ¿entiendes el punto?

Lo que genera dinero en cualquier tipo de mercadeo es a cuántas personas les puedes aportar valor, ese es tu actividad central como vendedora, como vendedor, ¿a cuánta gente le solucionas sus problemas?, si se los solucionas vendes pero si por el contrario no les aportas valor, no tendrás ventas, es simple ¿verdad?

El producto como te decía es tan solo el pretexto para vender y hacer la red de mercadeo, ahora seamos fatalistas y supongamos que a tu compañía la cierran, si, ha pasado, encuentran algo en los componentes del producto, quizá descubren una práctica empresarial ilícita, ya ha pasado y créeme, seguirá pasando, entonces, ¿qué haces?, ¿te cruzas de brazos y saltas de compañía en compañía?

No, verdad, ¿qué va a pasar con tu grupo de inicios todos se van a la quiebra junto con la compañía?, quizá momentáneamente, pero, pregúntate ¿qué no se pierde?.

¡Así es!, la red, la red no es lo que se construye para que ganes dinero, es lo que se construye para que puedas dar cada vez saltos cuánticos mayores, dejarás la compañía, pero a tu red no, dejarás de vender esto o aquello pero la confianza y el producto principal siguen en ti. Es así como paso al siguiente capítulo donde reconocerás al Verdadero Producto de tu negocio y el secreto de este libro será revelado.

2. ¿Cuál es tu producto?

Esto se pone interesante, quizá te estés preguntando en este punto ¿ahora con qué va a salir esta mujer?

Quizá llegaste pensando en que te iba a dar la fórmula secreta para ser un supervendedor y un súper iniciador de las redes de mercadeo, y créeme, lo serás y en tiempo récord, pero debes empezar por quitar la "paja" de tu mente y llegar al meollo de lo que son realmente las redes de mercadeo.

Y ahora la pregunta que titula este segundo capítulo ¿Cuál es tu producto?, no te apresures a contestar, simplemente date un tiempo para anotar tu producto, defínelo, nómbralo, descríbelo, siéntelo.

Como no me gusta dar rodeos, pues mira, tu producto no es esa crema que embellece tu rostro, que es muy buena en verdad, ni ese polvito mágico que hace adelgazar a las personas en cuanto tocan el envase, muy bueno también, no lo son esos sobrecitos de "no medicamento sino producto alimenticio", no es x ó y, cosa que vendes, lo que realmente vendes y que sin red no hay ventas y que sin ventas no hay paraíso, eso que vendes ERES TÚ.

Sí así de materialista como lo oyes, el producto eres tú, piensa por un momento, ¿Cuántas personas venden el producto o servicio que tú ofreces? ¿cientos?, ¿miles?, ¿millones?.

Así es mi amigo, mi amiga, hay un montón de gente que vende lo mismo que tú, pero entonces pregúntate honestamente ¿todos son iguales?, ahí empiezas a abrir los ojos, y te das cuenta si eres un poquito observador, observadora que: no, no todos son iguales, incluso lo puedes ver en tu *upline* y en otro líder, son diferentes, quizá hasta maldigas la hora en que te inscribiste con tal o cual persona que nunca hizo nada por desarrollar tu negocio, te firmó y se marchó de tu vida, así lo ves fácil y de paso le echas la culpa al otro, no, no, no, re-que-te-no, la culpa es toda tuya, así que ¡apechuga, asume y a trabajar!

Si el producto eres tú, quizá ya te estés preguntando ¿qué voy a vender de mi?, no confundas tu cuerpo con tu posibilidad de ser un producto, que no es lo mismo que una cosa, para que ni empieces a irte por las ramas de la deshumanización, nada de eso.

El producto que vendes es lo que puedas aportar a otros de beneficio para ellos siempre de beneficio para ellos y que obviamente te retribuya a ti. El producto de tu compañía, ese servicio de consultoría, es sólo un pretexto para "tejer" la red, así es, tienes que ver a tu producto o servicio como el pretexto para conocer gente, las redes son redes de gente, ¿no es así?

Independientemente del producto, y aquí solo quisiera que entendieras que para poder dar un valor efectivamente debes dar un extraordinario valor a cambio para que puedas cerrar y repetir ventas. No vale la pena que te empeñes en estar en una compañía que miente, que el producto realmente no es tan bueno como dicen y que ni siquiera cumplen con una garantía, es por esto que si tienes alguna duda sobre si la compañía que representas tiene bases sólidas para ofertar un producto o servicio excelente, descárgate mi reporte de las características que debe cumplir cada compañía para saber si te conviene o no inscribirte en ella:

Te daré acceso totalmente gratuito a mi reporte *"11 pasos para triunfar en los negocios multinivel"*; si me mandas un mensaje al siguiente correo contacto@kandypartemia.com, recuerda mandarme tus datos, nombre y ciudad donde vives.

Ahora, quizá te estés preguntando ¿qué es lo que tengo yo para poder aportarles valor a mis clientes y prospectos?, bueno, cada persona es distinta, debes echar mano de lo que tienes para "venderte", por ejemplo, situémonos nuevamente en el ejemplo de las relaciones de pareja: cuando conoces a alguien, te llama la atención y comienzas a conquistarle, ¿qué haces?, cuidado con el ejemplo por que es sólo para hacer una analogía, no vayas a querer hacer las mismas técnicas de seducción que aplican con una pareja para tu red de negocios porque obtendrías resultados adversos.

Entonces, ¿qué haces cuando alguien te gusta?, tu forma de ser hacia esa persona hacen que te perciba como alguien que puede darle valor sentimental y emocional por lo que le aportas en los momentos que conviven juntos.

¿Qué ven en ti los demás? ¿Les muestras lo valioso que eres?, si te fijas, en el ejemplo de las parejas, una característica es que se hacen sentir bien uno al otro, y eso no representa que su relación sea positiva, ¿conoces a alguna pareja que siempre estén peleados? Así es, hay una sinergia negativa de codependencia emocional que generan los involucrados, pero eso es "darse valor" para ellos, dependen emocionalmente, casi siempre la víctima y el verdugo, y cuando no hay esa identificación, cuando uno de los participantes de esta "compra-venta" emocional se sale, o ya no ofrece el "producto" que más bien sería "adicción emocional", entonces la relación se desvanece, y termina, si la otra persona persiste en sus adicciones emocionales, "encontrará" a otra persona que le supla esa necesidad enfermiza.

Las Cinco Cualidades de TÚ como Producto

Cualidad Número 1: Identifica a tu Cliente Ideal

En el caso de tú como producto, lo primero que necesitas identificar es a tu cliente, así es, eso te ahorrará muchos disgustos a la hora de hacer la famosa lista de 20 prospectos, primero tienes que identificar tu cliente ideal, sexo, edad, características de personalidad, lugar donde vive, poder adquisitivo, etc.

Algunas personas le denomina avatar a este momento en que se describe al cliente o mercado para el cual va dirigido nuestro producto (o sea tú), para poder identificar a tu cliente ideal será necesario que experimentes muchas cosas, no tiene que ver con la mercancía o servicio que intercambias a cambio de dinero, eso es muy general, tiene más que ver contigo y el valor que puedes aportarle a los demás.

Veamos un ejemplo para clarificar este punto; mira, supongamos que vendes cosméticos y productos de cuidado de la piel, que por cierto es uno de los negocios que he desarrollado. Lo primero que te puede surgir de idea general es que va dirigido a una mujer de entre 23 y 50 años en promedio obviamente, que trabaja o tiene los suficientes recursos para comprar el producto (pagar el precio), que es ama de casa o profesionista y que requiere verse bien para mostrar seguridad ante el mundo.

Hasta esta descripción, podemos decir que efectivamente si, ese es tu "avatar", pero luego viene la experiencia, y resulta que, voy a compartir contigo mi caso, en tu caso va a ser poco o mucho distinto, la idea que quiero hacerte ver es que tienes que experimentar y probar en "el ruedo" a tu producto, acuérdate que el producto eres tú, lo que vendes es un vehículo para aportar valor a las personas.

Siguiendo con el ejemplo y luego de haber sistematizado mi experiencia pude llegar a un nuevo avatar, mujer profesionista de entre 30 y 45 años, empleada con ingresos superiores a los 800 dólares mensuales, soltera, con nivel intelectual medio a alto y con autoestima elevada y enfocada en lograr metas; muy diferente ¿no?, ese es el avatar que resultó después de haber experimentado con muchas mujeres, resulta que mi cliente ideal se puede describir y al tomar nota de eso y tenerlo bastante claro, la segmentación para enfocarme en cierto mercado ha sido mucho más fácil, lo mismo debes hacer tú.

¿Eres tú tu propio avatar?

Si y no, muchas personas dedicadas al marketing, llegan a la conclusión de que su avatar se parece mucho a las personas que ofrecen x o y producto o servicio, sin embargo no es que sean como tú, es que son las personas con las que socializas, de ahí la importancia de desarrollar muchas más áreas de influencia, conocer nuevas personas y aprender en el camino nuevas habilidades y estilos de vida.

Acá hago hincapié en el ser siempre persona enseñable, eso quiere decir que para poder lograr cierto nivel de liderazgo en tu vida, en todas las áreas de esta vida, debes estar dispuesta, dispuesto a aprender permanentemente, y por tanto a desarrollar habilidades que te permitan desarrollar ese aprendizaje constantemente, uno de los primeros aprendizajes que debes de enfrentar es el aprender de tus fracasos.

Aprende de tus fracasos pero no te acostumbres a fracasar

Hay dos concepciones populares respecto al fracaso, uno dice que hay que aprender a fracasar para lograr el éxito, y la otra dice que no te debes acostumbrar al fracaso, para lograr la excelencia en lo que emprendes, para mí ambos puntos de vista son correctos, mira, si fracasas, quiere decir que lo intentaste, y por lógica matemática entre más intentos hagas para generar un resultado, más probabilidades tendrás de éxito, ahora, si esas pruebas que vas haciendo son para ti hechas bajo cualquier circunstancia, eso genera en ti una excelencia personal, esto es, si por ejemplo tienes la meta de hacer ejercicio todos los días, y digamos que se fue pasando el día, y ya es noche, quizá viajaste, pero hay un compromiso personal contigo misma, contigo mismo de hacerlo, de hacer ejercicio a pesar de los pesares, sin importar el cómo, el cuándo, el con qué; lo haces, obviamente no has fracasado, quizá no son las condiciones óptimas para hacer ejercicio pero superaste la inercia a fracasar, hiciste en excelencia lo que tenías previsto, quizá caminaste a paso veloz, una rutina rápida de pesas o de ejercicios aérobicos, el saludo al sol de yoga, algo que de no haberlo hecho si hubieras fracasado, quizá las personas perfeccionistas digan "pero es un fracaso porque no lo hizo a las 6 de la mañana o porque no usó ropa deportiva o porque…."

Sin embargo, para lo que hemos estado en proyectos que forjan la voluntad sabemos que eso en excelencia es mejor que nada, es decir das lo mejor de ti, brincando las circunstancias que haya que brincar, horario, cansancio, ropa, etc., etc.

Aprende de los fracasos haciendo las cosas, si quieres saber con exactitud quién es tu avatar, pregunta, ofrece tu servicio y agrega el valor que será tu seño para dar servicio a las demás personas, ¡Muévete, intenta, levántate y acciona! Siempre ¡ACCIONA!

Cualidad Número 2: Aprende a Escuchar el "Dolor" de los demás

En segundo lugar necesitas aprender a escuchar a ese cliente, aprende a ser un buen oyente y a identificar sus "dolores", por ejemplo, si tiene miedo a algo, no me refiero a la oscuridad o esas cosas, sino por ejemplo, miedo a no ser buena madre, a no ser buena esposa, miedo a que sus hijos no la quieran, a no tener dinero, etc., identifica plenamente el "dolor" de tu cliente para que puedas saber si le puedes ayudar o no, y si es afirmativa esta posibilidad de ayuda a su vida lo hagas sin restricciones, dale todo lo que necesita, porque sin duda harán una sinergia increíble que te permitirá a ti fidelizar la relación por mucho tiempo.

A pesar de que ya hayas encontrado a tu avatar o cliente ideal, aún así lo que vendes es la posibilidad de generar un bienestar en las personas que compran y avalan tu servicio o producto, descubre en cada persona qué es lo que les funciona de ti y qué es aquello que no.

Aprende a distinguir rápidamente si puedes o no serles de apoyo para su vida en los primeros momentos que interactúas con ellos, con ellas como potenciales clientes o prospectos, define inmediatamente si vas a poder servirles o quizá no sean los clientes para ti, y vuelvo al ejemplo que puse cuando encontré mi avatar en ese negocio en particular, para cada negocio, servicio y producto hay avatar diferentes, ojo con eso, no pienses que por ser tú el producto vas a tener clientes para todo, eso es un error común, así que no te sientas mal si has caído en él, simplemente direcciona tus esfuerzos a encontrar el avatar preciso para x o y servicio o producto.

El "dolor" de mis clientas, era poder tener una rutina de belleza rápida y que les permitiera tener ese cuidado de la piel que durante años habían descuidado, entonces, su experiencia, sus resultados, me sirven para cuando encuentro prospectos que se ajustan a mi avatar les haga sentido, así se va armando una estrategia de venta que te va a servir para obtener experiencia y afinar la precisión respecto al servicio de valor que aportas a tus clientes y prospectos.

Cualidad Número 3: Conviértete en Alguien Interesante

La tercera cosa para agregar valor a tu transacción de compra venta será convertirte en algo deseable y agradable para estar con las personas, debes tener tema de conversación, ya sea para conocer nuevos prospectos y deberás conocer muy bien el producto o servicio que vendes para conservar y fidelizar aún más a los clientes que ya tienes. Así que ponte a leer mucho, de muchos temas y si hay algo que no conoces, no quieras pasarte de listo con los clientes, es mejor decir "no lo sabía, pero me resulta interesante, verás que investigo y la próxima vez que nos vemos te platico algo acerca de eso", además lo tienes que cumplir y esa es la cuarta cualidad que debes desarrollar para que seas el "producto" de moda siempre entre tus clientes.

La capacitación es una cosa, que muchos multiniveles dan a sus socios; sin embargo, a lo que te estoy invitando aquí es a que te profesionalices, en el área de tu producto o servicio, pero también en el tipo de mercadeo o negocio que desarrollas.

Espero que esto haga sentido para ti; mira, muchas personas entran a un negocio de mercadeo en red muy convencidos de las posibilidades de generar ingresos extras de manera fácil, se visualizan yendo a ofrecer con amigos y familiares y que todos les van a decir que si, y cuando empiezan a ver que las cosas no son así de fáciles, se desaniman y tiran sus negocios, antes de haberlos desarrollado, y se van echando pestes respecto a este tipo de negocios.

Hacer multinivel, al igual que cualquier tipo de negocio, requiere dedicación , quizá no tanto como el comercio tradicional que aparte del tiempo se requiere de la presencia física, con la llegada del internet, los negocios tradicionales se van transformando, y es por eso que las redes sociales adquieren una mayor importancia en el desarrollo, pero aún si fuera un negocio establecido en un local, que no es multinivel, necesitas profesionalizarte.

Me gustaría por un momento que hicieras el siguiente ejercicio, cierra los ojos y visualiza a la persona en tu multinivel o negocio que te inspira profesionalismo, checa los detalles: ¿cómo se viste?, ¿qué emoción transmite con su rostro?, ¿su postura cómo es?, ¿cómo camina?, ¿qué le distingue, una frase, su sonrisa, una pose, etc.? Hay algo en su aspecto que le hacen ver profesional, de eso hablaremos en el capítulo 3, pero además hay algo que es muy distintivo de este tipo de personas: sus logros, así es, los resultados que obtienen estas personas, estos líderes, es lo que les distingue, entonces, no se trata de copiar lo que ellos hacen, se trata más bien de que te des cuenta que atrás de ese logro hay un esfuerzo permanente, una forma se ser, ser Profesional, y esa debe ser una de las habilidades que tienes que desarrollar si o si cuando quieres convertirte en un líder para tu mercado.

Ser profesional en el networkmarketing quiere decir que vas a tener que leer mucho, asistir a seminarios dentro y fuera de tu compañía, estar al pendiente de las fuentes que generan profesionalismo en tu mercado.

Recuerdo una conversación que tuve con un amigo y compañero cuando nos enfrentábamos al inminente despido de nuestro trabajo, las opciones, para mi, eran mis negocios de mercadeo en red, a lo que él me comentó: "muy malas opciones que tienes Kandy, debes buscar otro trabajo", es su perspectiva, no lo juzgo porque yo antaño también pensaba lo mismo, no había opción para depender de un multinivel solamente.

Sin embargo, cuando transformé mi perspectiva, mi pensamiento se abrió a la posibilidad de obtener ingresos por medio de este tipo de negocios y cuando clarifiqué los objetivos que quería conseguir con este esquema de ingresos todo ha sido muy fácil, mira, lo desarrollo en un 90% de manera digital, me apalanco del marketing digital y eso para mi es Libertad con L mayúscula, obtengo dinero cada semana, a veces diario, un dinero que literalmente no me cuesta, invierto, obviamente, pero las ventas se cierran prácticamente solas, en este momento estoy expandiendo mi red, así que si te interesa saber más de las oportunidades de negocio que tengo y estás dispuesto, dispuesta a convertirte en un profesional no dudes en contactarme en mi página:

www.kandypartemia.com/negocios

Ser alguien interesante es una personalidad a la cual da curiosidad conocer, conviértete en ese alguien, explorando tus intereses, dedicándole tiempo a lo que te gusta, no se trata de imitar a otros más bien se trata de ser auténtico, auténtica.

Para mí ya eres alguien interesante, al haber elegido mi libro, déjame saber más de ti y contáctame personalmente a mi correo contacto@kandypartemia.com, y dime qué es lo que te interesaría aprender y cómo puedo apoyarte a ir por tus sueños más anhelados, estoy en servicio permanente ;-).

Cualidad Número 4: Sé Honesto y Humilde

La cuarta es, la honestidad, se honesto y cumple tus promesas, de nada sirve que puedas vender una vez un producto y que luego dejes "tirado" al cliente, sin ventas no hay paraíso recuérdalo; muchos emprendedores noveles, decaen anímicamente y dejan de darle servicio a sus clientes, simplemente no persisten lo necesario para ver resultados, así que se paciente y enfocado, enfocada.

En el capítulo anterior te hablé de lo que para mi representa desarrollar un negocio de mercadeo en red, una de esas es el aprendizaje permanente, desarrollar profesionalmente un negocio siempre te va a convocar a estar estudiando, leyendo, preparándote en algo que te interesa y que además te genera ingresos permanentemente, son estudios que no pesan porque la mayoría de los seminarios los realizan en instalaciones adecuadas, nada que ver con el sistema tradicionalista escolarizado, eso es algo que los profesionales de la educación debemos tomar en cuenta, simplemente cambiar de ambiente, tener un mentor que hace que exploremos nuestra propia personalidad y expandamos los límites de nuestro potencial y desarrollo es muy diferente a la idea de un profesor que lo sabe todo y que juzga con autoridad lo que hace un alumno, esta perspectiva de abrir los procesos de enseñanza por medio de la motivación intrínseca que representa desarrollar un negocio, es un valor agregado para ser un aprendedor permanente.

Cuando vendes no engañas, das un servicio, otorgas valor a las personas y lo intercambias por un bien que genera utilidades económicas a ti, debes definir en los primeros momentos si puedes o no aportar valor a la persona que prospectas, puede ser que para ti tenga mucho sentido que te compren un producto que mejorará la salud de las personas, tú lo sabes porque lo has podido comprobar en tu cuerpo y los beneficios que obtiene tu familia y los clientes que dan testimonio de que es una excelente inversión, pero, la lógica de las personas es diferente, lo que para ti es indispensable para otra persona puede ser prescindible, entonces, no te "enganches" en querer convencer al prospecto, simplemente, deja abierto el diálogo, no lo cierres siendo sectario, porque las sectas restan y lo que debes hacer para tu vida es sumar, sobre todo sumar relaciones de intercambio de valores, confía en ti y mantén abierta la posibilidad de que esas personas en el futuro cambien de opinión o les haga sentido lo que compartes.

Mantén siempre un perfil humilde de querer dar servicio y apoyo, no de querer ganar y obtener dinero a cambio, eso no funciona y no es profesional ni ético por parte de un vendedor.

Cualidad Número 5: Empatía y Comprensión Sincera

La quinta cualidad que debes aprender o desarrollar es empatía sincera por tu cliente y por todas las personas porque recuerda que tu nuevo "trabajo" será conocer "gente entre la gente". Una empatía sincera y una comprensión honesta hacia tu cliente denota mucho interés y por tanto te convertirás en irresistible ante tus prospectos a clientes o a socios.

Esta es quizá la mejor estrategia que puedes desarrollar para convertirte en un profesional de tu mercado, la empatía es verte en el otro, dar antes de recibir, ayudar sin esperar nada a cambio produce mucha satisfacción así que da sin reservas todo aquello que puedas para sumarle valor a tu mercado.

Sólo cuídate, así es, protege tu negocio de las personas que de manera intencionada o no intentan hacerte daño u obtener un beneficio a cambio de que tú pierdas, déjame contarte por medio de experiencia a lo que me refiero con esto.

Ladrones sin máscara.

En una de mis campañas de marketing digital en redes sociales, me topé con un prospecto, era una mujer de la cual no desconfié porque nos conocimos cara a cara, me contó la triste historia de su vida y me hizo creer que en realidad quería salir adelante, lo que no sospechaba yo era que tras esa fachada de pobrecita, había una ladrona profesional, así es, los que no pensamos en toparnos con ese tipo de personas no estamos alerta y no oponemos resistencia ante los trucos de esa gentuza, no es gente entre la gente, es gentuza mal viviente que sólo quiere ganar a costas de que otro pierda, sin embargo como la experiencia me dejó un gran aprendizaje de vida, no perdí aunque su sucia intención era que perdiera, esta mujer me quedó a deber dinero, no debí de soltarle nada pero en mi afán de apoyarle a que saliera adelante, le creí, entonces aprende de mi experiencia y no cometas mi mismo error, comete otros pero este ya no.

La otra tiene que ver con el uso de tarjetas de crédito robada, mucho ojo con la gente que intenta hacer negocios ilícitos, los hay, desgraciadamente, los hay y no por eso debes ocultarte tras una piedra, más bien mantente vigilante y atento a lo que no checa o te da "mala espina", no te expongas y aprende a generar empatía mutua, porque si sólo aceptas empatizar con el otro pero el otro no empatiza con tus ideales entonces perderás, aprende a generar ganancia hacia ambas direcciones, no te expongas a ser una presa para vivaces.

Con estas cinco cualidades que te empeñes en desarrollar tendrás mucho valor, serás un producto "deseado" y créeme que no sólo los clientes te comprarán, lo harán todas las personas con las que interactúes, la retroalimentación que lograrás además te aportará mucha seguridad y con ello comenzarás a irradiar confianza a tu alrededor.

Y ahora si, si el producto, ya vas entendiendo que eres tú, que lo que enriquecerá tu vida y tu bolsillo es la comunidad que tejas entre la gente que será tu red, cuestiónate dos cosas: ¿Cuánto vale ese producto que eres tú? Y ¿cómo puedes elevar ese valor para generar tejer la red de clientes y afiliados que mereces tener?

3. ¿Cuánto vale ese "producto"?

Siempre que pregunto esto en mis entrenamientos, la gente suele responder una cifra alta para el tipo de producto que venden, se pavonean de que venden mucho, se creen bastante suficientes por cerrar una venta cada año de alta denominación para el tipo de producto que comercializan; sin embargo, al momento de que les digo que el producto son ellos, la mayoría no sabe que responder o responde que es gratis, que lo que venden es el producto y que ellos no se consideran cosas vendibles.

Es aquí donde quizá te encuentras en este momento, preguntándote atónito o atónita "¿Kandy, ahora me vas a mandar a venderme?" y antes de responder a esta pregunta, déjame contextualizar al "producto", o sea: TÚ.

Si tú eres lo que compran tus clientes, contéstame en total honestidad ¿cuánto vale tu tiempo?, ¿tus conocimientos?, ¿tu experiencia?, si tu autoconcepto es bajo dirás que poco, algo así como 20 dólares la hora, pero si realmente reconoces en ti ese potencial divino que todos los seres vivientes tenemos, entonces contestarás adecuadamente: "No tengo precio" y eso es precisamente a lo que quiero que llegues, tu vida, tu tiempo, los momentos que te han formado, las experiencias compartidas con tus seres amados, todo es invaluable, tiene un costo tan alto que si lo pudieras intercambiar por cosas materiales ni teniendo todo lo que existe en la Tierra y afuera de esta pudieran pagar por ti.

Eres resultado de muchas experiencias, algunas positivas otras no tanto; pero que juntas han hecho de ti la persona que eres en la actualidad.

Tu vida vale y tu tiempo es irrepetible, por eso es importante que al saberte el producto que va a ser vendido comiences por darte el valor que mereces, reconozcas en ti todo el potencial humano condensado en tu territorio primero que es tu cuerpo, reconozcas que puedes aportar muchísimo a tus posibles clientes, y entonces desde esa perspectiva de reconocerte como producto que es el que consumirá tu futuro o actual cliente, deberás empezar a entender que siempre darás mucho más de lo que te pudiera pagar el cliente, no con esto quiero que te conviertas en ese tipo de vendedores prepotentes que no se creen merecedores de que los toque ni el suelo que pisan; muy por el contrario reconoce con humildad que lo que aportarás a la vida de tus prospectos será toda tu vida, así es, les darás absolutamente todo aquello que tengas, nada te guardarás ni reservarás para el cliente perfecto, porque entiendes que todos son clientes perfectos.

En este sentido, eres el producto ideal, por que vale realmente mucho para sus clientes, entonces, tu trabajo de ahora en adelante si realmente te quieres convertir en el vendedor ideal será aportar un valor adicional y único a cada uno de tus clientes, a los que ya tienes y a los que están por llegar, y esto aplica tanto para ventas como para consolidar un plan de redes de mercadeo.

Te conviertes en el producto valuado en miles de dólares por el que estarán dispuestos a pagar tus clientes, pero que quede claro, el producto que vendas también tiene que ser de muchísima calidad, por que sino estarías vendiendo espejitos a cambio de confianza. Así es amigo, amiga, lo que los clientes ven en ti es: CONFIABILIDAD.

Dicho lo cual, no te preocupes si de momento no sabes exactamente cómo generar confianza en tus clientes, eso es una de mis especialidades y lo que he observado y apoyándome en la ciencia de la psicología y de la comunicación ontológica y no verbal, te comparto este importante Decálogo para generar confiabilidad y cerrar ventas automáticamente; toma nota para desarrollar esa reputación de excelente vendedor con mi Decálogo del Vendedor Confiable:

Decálogo del Vendedor Confiable:

Recuerda que para recibir primero debes dar, y en el caso de intercambio de valores, siempre piensa cuando interactúes con una persona, sea tu prospecto a cliente o no: ¿Cómo puedo darle valor a él o a ella?, si sigues este Principio al que denomino el Principio de Reciprocidad Universal, ten la certeza de que recibirás muchísimo de esa intención confiada que haces hacia todas las personas, recibirás siempre en reciprocidad de lo que das, así que si quieres ver abundancia en tu vida, tienes que generarla a partir del gran valor que aportes a los demás.

Sin más te dejo este Decálogo del Vendedor Confiable y espero que te sea de mucha utilidad:

Número 1: ¡Sonríe!

Una cosa es sonreír y otra es reírte. Cuando sonríes generas un lazo de seguridad con la otra persona, casi siempre, aunque hay personas muy desconfiadas que piensan que te estás riendo de ellas, si es así, créeme no es una buen prospecto a cliente así que da las gracias y retírate.

Mira, a mi me pasó algo con una clienta, la primera vez que hice contacto con ella, no la conocía, era un contacto "en frío" como decimos en el argot de las redes de mercadeo, la persona me respondió muy bien, y a los pocos días me hizo una compra, me ha pasado muchas veces que cuando genero cierta conexión con las personas sobre todo cuando no las conozco cierro ventas y lo que es más importante se convierten en clientes que me recomiendan a nuevos clientes.

La sonrisa al igual que los bostezos es un reflejo de empatía entre personas, si tu rostro denota calidez y felicidad serás mucho más atractivo (independientemente de tus facciones) que si te presentas con "cara de palo" con tus clientes.

Esto es algo muy importante para los prestadores de servicio, recuerdo un vendedor de un curso de inglés al cuál estaba muy interesada, te cuento esta situación para ejemplificar; primero me hizo esperar más de 20 minutos de la hora que me había citado, luego, cuando llegó, noté que estaba con la cara muy seria incluso percibía mucha molestia en sus facciones y en el tono de su voz, seguramente tuvo malas noticias o algo que le hicieron tener esa mala actitud. La verdad a mí como cliente lo que me interesaba era que me atendiera y me mostrase el producto, bueno este sujeto, estaba con "cara de palo" serio, mustio, hasta grosero se sentía, daba idea de saberlo todo respecto a la enseñanza del inglés, intentó demostrarme que su curso era lo mejor y que si no funcionaba era porque yo no dedicaría lo suficiente a aprender el idioma, ¡imagínate! La garantía iba a ser yo, si no funcionaba el curso era por mi, entiendo a lo que se refería pero la forma tan seca y distante en que hizo la presentación, ya podrás imaginar los resultados, obviamente no contraté ese curso.

Parece muy tonto eso de la sonrisa, pero créeme, una sonrisa te puede abrir ventas y si careces de ella, puede cerrarte todas las oportunidades de relacionarte con las personas.

Número 2: "Espejea"

Espejear es analizar algunos ademanes que hace tu prospecto o cliente y hacerlos también tú. A este proceso se le denomina en psicología rapport, debe ser algo muy sutil que no se vea como esos chistes donde un mimo irrita a las personas porque va copiando los movimientos de una persona.

Todas estas estrategias, tienes que adecuarlas a la situación y probarlas de manera consciente y consistente con cada uno de tus encuentros, como te comenté en el número anterior, hay que pulir una forma personal de desarrollar estas habilidades, siempre en honestidad, humildad y respeto para contigo mismo, contigo misma y con la otra persona.

Ese rapport te ayuda a "sintonizar" con las personas, identifica en qué estado está la persona, si está intranquila, puedes generar esa intranquilidad también tú, pero recuerda de manera sutil y que no generes el efecto contrario.

Acompaña sus movimientos, empatiza físicamente, imitándolo no tan seguido porque la persona puede pensar que te estás burlando de ella, genera afinidad como si le estuvieses acompañando; por ejemplo imagínate una escena donde alguien te está contando algo grave que le sucedió o muy triste, la persona se recarga en sus rodillas y deja caer en posición de derrota su cabeza, ¿qué harías para generar rapport en ese momento?, te aseguro que inmediatamente, pones uno de tus codos recargado en la rodilla y con la mano que te queda sin recargar tomas el hombro de la persona acongojada, se genera de manera automática y casi instintiva sin pensarlo demasiado un rapport para hacer sentir mejor a tu amigo, eso sería hacer rapport para empatizar con alguien, no necesariamente haces lo mismo, pero si ademanes similares que le dan continuidad al momento en que se encuentran compartiendo.

Te repito nuevamente, no es lo mismo una relación de confianza, cuando ya hay una interacción previa que cuando vas conociendo a la persona, así que procura siempre con una regla: a tus clientes nunca, nunca los toques, a lo mejor da la mano, ni siquiera deberías saludar de beso social a tus clientes, dar la mano, y procura que tus manos no aprieten, sino que se mantengan firmes ni hagas columpio o "manita de puerco", procura que tus manos estén secas y muy humectadas, no grasosa, que no tengan callos y de preferencia con manicure, una manos suaves, siempre generan una excelente impresión.

La otra parte del rapport que te va a ser de mucha utilidad es el tono de voz, más que el tono el volumen en el que habla tu cliente tiende a imitarlo, el tono y las palabras que le identifican a la persona, pueden ser las muletillas como "si", "mmh", "ajá", pero debes de tener cuidado para no parecer como si te burlases de tus clientes.

Ve despacio con este tipo de estrategia, pero no la subestimes, te llevarás muy gratas sorpresas cuando lo haces de manera consciente, y quizá si ya eres un vendedor o vendedora de experiencia lo hayas hecho de manera intuitiva y cerrado ventas.

Número 3: Siempre Mira a los Ojos de las Personas

Mirar a los ojos es reconocerte en la otra persona, alguien que no te ve a los ojos cuando te habla oculta algo, o te está "asesinando", está demostrado que muchos de los asesinos, tapan la cara de la víctima para no identificarse en ellos y así cometer el homicidio, lo mismo pasa en un grado menor cuando no se ve a los ojos de las personas cuando se comunica, por eso es esencial que veas a uno de los ojos de tu cliente para que le digas con la mirada que eres una persona confiable y que a la vez confías en él o en ella, obviamente confías en que te comprarán.

Otra vez, la recomendación, de que uses las estrategias poco a poco y vayas "sitematizando" lo que te funciona, a veces no nos damos cuenta, tal vez te haya pasado, personas que tienen la mirada "muy pesada" o que parecen algo "psicóticos" cuando miran fijamente a las personas, por eso, esta estrategia de la mirada en un ojo de tus clientes, debe ir acompañada de la sonrisa natural y sencilla para que la percepción de tu interlocutor sea de confianza y no a la defensiva.

Número 4: Apréndete su Nombre

Fíjate que esto es algo a lo que no se le da mucha importancia, dice un dicho que las palabras más dulces que podemos escuchar salir de la boca de otra persona es nuestro nombre y eso es cierto, también lo peor que podemos escuchar es nuestro nombre mal dicho o verlo mal escrito, eso aplica también, por lo que si temes olvidar el nombre de las personas, pídeles que lo apunten en tu celular, dales tu teléfono o tu agenda para que ellos mismos escriban sus datos y su teléfono.

Otra técnica para aprender los nombres y recordarlos con facilidad es relacionarlos con alguien que ya conoces y que tiene el mismo nombre, al relacionar algo que ya conoces con un conocimiento nuevo te permite tener siempre "a la mano" una imagen mental de todas las personas.

Ten cuidado con los comentarios que haces acerca de los nombres es realmente incómodo cuando no tenemos nombres comunes y se hacen muchas preguntas, la verdad resulta algo fastidioso tener que explicar a los desconocidos el significado de nuestro nombre, no hagas comentarios negativos al respecto o si se escribe de manera incorrecta tampoco, recuerda que el nombre es la "Marca" de cada quien así que antes de hacer un comentario al respecto, pregúntate si a ti te gustaría escuchar lo que piensas decirle a tu interlocutor respecto a su nombre.

Número 5: Afirma con la Cabeza

Este rapport tiene dos finalidades, una es generar en el cliente una sensación de sentirse comprendido, comprendida, escuchada, aceptada y por tanto en plena confianza a tu lado.

Esta técnica también te ayuda a generar la aceptación de una propuesta que le hagas.

Asentir con la cabeza genera una forma de estimular en tu cliente la aceptación a lo que le preguntes, supongamos que estás cerrando una venta, ya hiciste la presentación del producto y percibes que se interesó por tu producto o servicio; entonces le preguntas "¿Hay algo que te interesó?", al mismo tiempo asientes con la cabeza y te vas a dar cuenta que el cliente dice "si, claro…", o si le preguntas "¿Te parece buena la oferta que te hago?", al mismo tiempo mueves la cabeza de arriba abajo afirmando con tu cuerpo.

Hay otra técnica que denomino "el anzuelo", es darle el producto a tu cliente pero sin soltarlo como para que lo toque y quitándoselo si muestra objeciones para el cierre de la venta, eso lo debes hacer un par de veces para generar expectativa en el cliente y reafirmar su deseo a la vez que asientes con la cabeza y diriges tu discurso hacia apropiarle el producto, diciéndole todo el tiempo "tu tratamiento", "tu perfume", "tu casa", etc.

Número 6: Relaja los brazos y enseña las palmas de tus manos

Esta es una estrategia que puedes comprobar en muchas ocasiones y que te hace consciente de que la postura corporal es importantísima para generar mejores relaciones entre las personas.

Imagínate que estás discutiendo con alguien, es una persona que está "parada en razón", o sea que no le interesa escuchar tus argumentos, decimos a menudo "se cierra", ¿qué hace?, ¿puedes describir su postura?, seguramente ya has caído en cuenta que esa persona lo primero que hace es cruzarse de manos e incluso hay gente que cruza las piernas también, levantan una ceja y quizá enchuequen la boca, mostrando a todas luces la molestia, literalmente se "cierran", su físico lo demuestra.

Entonces, lo contrario que deseas es "abrir" la comunicación, ¿qué haces?, relajas tus extremidades, pones de manera muy holgada tus brazos, no frunces el ceño, sonríes y si abres las palmas y las muestras te darás cuenta que das una imagen de apertura, de comprensión y de afecto hacia la otra persona.

Número 7: Proyecta una imagen de Confianza y Seguridad

La confianza que generas en las demás personas emana de tu interior, distingue algunas cosas que generan confianza en tu imagen o en la de cualquier persona.

La limpieza, una persona limpia y con ropa en buen estado genera confianza, alguien desaliñado o sucio, a parte de que se ve mal, genera desconfianza, por eso es muy importante que tu aspecto personal sea muy pulcro, tus manos limpias, si tienes uñas largas muy limpias y con arreglo sencillo, maquillaje profesional y ligero, los caballeros de traje se ven mucho mejor que de mezclilla; aunque eso dependerá del contexto cultural en que desarrollas tu negocio.

Número 8: Date Tiempo de Verte al Espejo

Ensaya, repite, modela tu conducta ante el posible cliente, convierte al espejo en tu confidente y aliado.

Diseña una imagen profesional para cada ocasión, procura mantener una misma imagen por un tiempo considerable para que te identifiquen tus clientes, rediseña si tienes algo que mejorar o modifica drásticamente si te das cuenta que el look que mantienes no te ayuda a conseguir clientes.

No temas a cambiar, tu esencia es maravillosa y debes de partir de eso, debes de mostrar y demostrar lo que eres en el interior en concordancia con lo que muestras al exterior. Hacer una imagen congruente con lo que eres.

Dar valor, recuerda siempre dar valor y si para eso tienes que agradar físicamente hazlo, vivimos en un mundo de imagen, y desgraciadamente las apariencias engañan, entonces, en lugar de ser como el montón, tu sé fiel reflejo exterior de tu interior, busca y encontrarás los ademanes adecuados, la vestimenta perfecta y sobre todo la plática que favorezca el mostrarte ante tus clientes con muchísimo valor pero siempre manteniendo tu personalidad.

Número 9: "Por tus Frutos te Conocerán"

Este dicho bíblico refleja muy bien lo que debes generar, tus acciones deben hacerte un nombre, un prestigio que sea tu mejor carta de presentación, hay vendedores que se meten en problemas personales del cliente, lo mejor es asentir con la cabeza y mantener la boca cerrada para no "tomar partido" respecto a un tema que sinceramente no es de tu incumbencia, tampoco le vas a decir al cliente eso "no sé, ni me importa", eso echaría por tierra todos los intentos por generar empatía y confiabilidad con tu cliente.

Así que mantente al margen de temas polémicos y que tu discreción también sea un valor agregado a tu profesionalismo. En este punto recuerdo, una desagradable experiencia que tuvo alguien muy cercano a mi, cuando visitó a una psicóloga y en confianza obviamente en confidencia profesional le comentó muchas situaciones personales, y esta pseudoprofesional se encargó de difundir los secretos que se suponen profesionalmente se guardan entre paciente y médico, ¿volverías tú con un psicólogo de este tipo? Por supuesto que no, perdió un cliente y en el caso de los profesionales de la salud, perdió la oportunidad de una recomendación posterior, antes si puede el cliente tendría que iniciar una revocación de su cédula profesional por actuar de manera poco ética.

Número 10: Congruencia

Ser congruente representa muchas cosas, la primera es que seas tu palabra, esto es que si dices a una hora, a esa hora llegues; es decir, que cumplas con los compromisos establecidos con anterioridad, que no te digas y te desdigas.

Si bien los seres humanos somos ambiguos antropológicamente hablando; debes de intentar cumplir con todo aquello que ya has asumido en responsabilidad contigo misma, contigo mismo.

La congruencia debe ser la sintonía armónica entre lo que sientes, piensas, dices y haces, en ese orden, por eso es muy importante que cuando busques generar confianza en una persona sea sincero este querer ser confiable.

Una última recomendación; ayúdate del espejo y "mira cómo te miras", de preferencia hazte de un espejo de cuerpo completo, mira tu imagen, ¿estás reflejando lo que quieres generar en las otras personas? ¿inspiras confianza o desconfianza?, ¿le comprarías a la persona que ves en el espejo?

¿Qué comunicas hoy?

Ya conociste el Decálogo que hará de ti un Vendedor Profesional y hábil para cerrar ventas. Ahora, me gustaría centrarme en la imagen, mira, a veces confundimos ese concepto;

pensamos que la imagen es siempre andar súper bien vestidas, vestidos; y, claro que eso es imagen, pero, cada persona debe desarrollar su propio estilo, en la actualidad hay muchos recursos para hacerse de cierta imagen, reflejar lo que se desea no ha sido nunca tan fácil como ahora, ¿porqué?, bueno, pues hay mucha información que puedes obtener al respecto en la internet, también si perteneces a una compañía seria, se encargarán de insistirte en la forma en que debes de vestir y conducirte.

La mayoría de las compañías multinivel que valen la pena, te capacitan hasta para generar esa imagen, es más hay algunas que hasta mandan a hacer trajes institucionales para todos sus socios. Si no hay esto en tu compañía, aprende a distinguir a las personas con mayor rango y checa los ademanes, la forma de hablar y la información que los hace líderes de esa compañía.

Como te dije desde el inicio de este libro, he estado en muchos multiniveles, todos tienen cosas en común, pero si hay algo que he visto es que depende del tipo de producto y de mercado al que se dirige la compañía hay cierta "imagen distintiva", conoce esa imagen de los profesionales de tu área e imítalos, pero con tu estilo, lo divertido de este proceso es que hagas muchas pruebas pero desde tu personalidad y elijas poco a poco lo que veas que genera mayores beneficios para ti.

Un detalle, un corte de pelo, un broche, un tipo de zapatos, poco a poco vas a verificar por la forma en que se dirigen a ti los mismos compañeros y tus clientes, te van a dar feedback positivo o negativo según vean en ti una imagen en concordancia con lo que puede brindarte resultados.

Te recomiendo que inviertas en ti, porque como te he venido insistiendo, eres tú el producto y si inviertes en los activos que tienes, como tu mente, tu cuerpo y con ello tu imagen y tu espíritu, desarrollarás una personalidad arrolladora y por tanto exitosa.

Otra de las características que debe darte tiempo de desarrollar y que tiene que ver con todas las habilidades del Decálogo del Vendedor Confiable, es el carisma, desarrollar en tu personalidad carisma no tiene que ver con caerle bien a todo mundo, tiene que ver con ser auténtico y eso lo "huelen" las personas, una persona auténtica, que no niega su origen pero que tampoco se ve determinado y limitado por este, una persona que tiene la certeza de estar haciendo lo que le apasiona, lo transmite, "se le nota" y genera carisma, así que potencializa tus activos e intenta ir resolviendo tus posibles debilidades o vicios.

Y ya que toco lo de los vicios, déjame darte un consejo, no es para coartar tu libertad ni nada parecido, pero si hay algo que antaño se reconocía como una actitud muy de negocios que era el cerrar tratos en el bar o acompañados de una botella de vino, te aconsejo que no hagas eso con tus clientes, sin importar el mercado en el que te muevas los vicios como fumar y beber en exceso lejos de acercarte a un buen desempeño y reconocimiento como Vendedor, te alejarán de esa meta, por lo que intenta dejar esos vicios si los tienes hasta el grado de desaparecerlos de tu vida, obviamente no sólo generan una imagen negativa sino que te pueden hacer tomar pésimas decisiones, no soy moralista ni nada parecido, sólo lo comento con fines prácticos y utilitarios.

Sé asertivo, asertiva; deja que tus actos hablen por ti, construye Puentes de Confianza hacia todas las relaciones y recuerda que la primera impresión es la que cuenta, así que enfócate en desarrollar una imagen y mantén esa imagen confidencial para ti y date a la tarea de revisarla constantemente y rediseñar si es necesario.

4. Formas de incrementar el valor de lo que vendes

Estamos en un punto crucial para este libro que es a la vez un entrenamiento el cual doy a mis socios y que consiste en ser la *"Estrella de las Ventas"*, sin importar la compañía para la que estés afiliado.

Es importantísimo que encuentres en tu mente todas aquellas formas que puedas aportar valor a tus clientes, mira, piensa primero en una, por ejemplo, si te dedicas al área de la belleza, reflexiona acerca de todo aquello que has estudiado, ya sea dentro o fuera de la compañía, un curso, tutoriales en Youtube, seminarios, capacitaciones, etc., etc. Recuerda todo aquello que pueda aportarle valor a tus prospectos a clientes, es una forma de ser, como por ejemplo el ser buen oyente; es algo que necesitas desarrollar para poder escuchar las necesidades de tu cliente más allá del producto en físico que le puedas ofrecer, quizá es una persona con una baja autoestima, quizá necesita mejorar su apariencia porque tiene problemas con su pareja, muchas son las necesidades del ser humano y entre más rápido las encuentres mayor será el valor que le puedas aportar a esa persona.

Ahora, veamos un ejemplo muy raro, pero que se puede dar; digamos, que estás en el rubro de productos de bienestar, pero que son inaccesibles para el contexto en que prospectas una venta, pongámoslo en números, digamos que tienes productos que oscilan entre los 500 y los 1000 dólares, pero sabes perfectamente que esa cantidad no es algo de lo que podrán echar mano digamos tus compañeros o la gente en el contexto en que te mueves en alguna de tus actividades; por ejemplo compañeros de escuela, por que quizá aún son sus padres quienes se encargan de sus gastos y por tanto no les dan más de lo estrictamente necesario, aunque pudieras argumentar que es algo que obviamente necesita toda persona, también debes de ponerte en su lugar y preguntarte si al comprar ese producto sumará a su vida o restará.

Siguiendo con el ejemplo de los productos de bienestar que valen de 500 a 1000 dólares, digamos que ese amigo tuyo de la universidad ve los beneficios y paga tu producto con tarjeta de crédito y que es algo moroso y entonces casi casi al mes te quiere regresar el producto argumentando que no le sirve más, que no tenía que comprarlo, es decir, se mete en un lío, mejora su salud pero su bolsillo cae en depresión, entonces, quizá algunas personas digan que él tuvo la culpa, al ir más allá de sus posibilidades económicas, y en parte tienen razón, sin embargo, este libro te provee información para que te conviertas en un supervendedor y una de las características de los supervendedores es que saben realmente dar valor, antes que buscar ganar solo ellos, encuentran la forma de que ambos lados ganen, ese es el principio de la responsabilidad del supervendedor: "Aportar valor ¡SIEMPRE!", y fíjate en esa palabra, SIEMPRE, aportar valor siempre, no sólo cuando estás vendiendo algo, sino siempre, en cualquier relación de trabajo, de pareja, de vecindad, etc., siempre un buen vendedor da valor, sino se convierte en un charlatán y este libro no es para charlatanes.

En este momento quiero que pares de leer y escribas cinco formas en las que consideras puedes aportar mayor valor del que has venido dando a tus clientes y cinco formas en que puedes incrementar el valor de tu oportunidad de negocio para tus nuevos socios.

¿Ya estás lista, listo? ¿Qué tal te ha ido?, este es un estupendo ejercicio que deberás repetir al menos cada semana y que da cuenta de que repites lo que te ha funcionado y lo que no, simplemente lo sustituyes por otras formas de dar valor.

Realiza este ejercicio semanalmente y después de cada venta; pregúntate ¿cómo aporté valor a esta persona? ¿les estoy generando valor al servicio que doy a mis clientes? ¿Cómo puedo aportar más valor a mis socios, a mis afiliados, a mi familia, a mi pareja? Este tipo de preguntas generan en ti mayor consciencia en tu vida cotidiana, problematizar las situaciones además genera mejores aprendizajes.

Por ejemplo, una de las formas en que puedes aportar valor a tus clientes es sobre el conocimiento del producto que vendes dar una asesoría personalizada, tener siempre disponible todos los productos en buen estado, como oferta de negocio, tu oportunidad puede verse fortalecida si además de inscribir a las personas en tu multinivel les ofreces una mentoría personalizada para que desarrollen su negocio paso a paso, una buena forma de generar valor es compartiendo conocimientos con tu equipo de trabajo respecto a finanzas, negocios, emprendimiento empresarial, etc., etc.

Así pues debes buscar enriquecer la vida de tus clientes ya sean consumidores de tu producto o de la oportunidad de negocios.

Hay dos aspectos que debes tomar en cuenta para generar más valor a tus clientes, uno de ellos es las fortalezas de tu personalidad, céntrate en esas fortalezas y olvídate de tus debilidades, verás que al poco tiempo tenderá tu personalidad a las virtudes que vas desarrollando más que a los errores que pudieres tener o hacer.

Otro de los aspectos a considerar es el nivel de experiencia, y no me refiero al nivel de experiencia en la compañía sino más bien al nivel personal de experiencia que has alcanzado con el paso de los años por toda tu vida, me acuerdo mucho de mi madre en este sentido, ella tenía mucha paciencia para resolver algunos trámites, con el paso de los años me doy cuenta que las personas mayores son muy buenos negociadores y por tanto muy buenos vendedores, por eso nunca subestimes a los adultos mayores, te puedes llevar una muy grata sorpresa al contar con socios de este sector de la población; a veces se le da demasiado valor a la juventud, si, es verdad, la juventud tiene los bríos y la energía de hacer muchas cosas, pero los adultos mayores tienen la experiencia, la sapiencia y la voluntad inquebrantable de resolver procesos uno a uno, y esa capacidad créeme es muy escasa en los negocios, por eso, hay fracasos, así que prende tu radar de prospectos entre la población de adultos que rebasen la cesantía.

Por ejemplo, en mi caso como empresaria, lo que ofrezco a las personas que se interesan en mis negocios de mercadeo en red es un servicio de Coaching Personalizado, eso es aportar valor, hay bonos por pertenecer a mi red, uno de los más populares son los entrenamientos de Marketing Digital, donde les enseño a mis líderes a ofrecer el negocio, darle mantenimiento a los clientes y prospectar por medio de las redes sociales, E-mail y WhatsApp, otro de los entrenamientos que obtienen mis afiliados es el de Planificación Personal.

Además de que acceden a entrenamientos como con los Aprende a Aprender™, Aprende a Emprender™ y Aprende a Habitar Tu Pensamiento™, cómo ves, no es sólo el valor de ser mi socio de negocios, aporto mucho valor extra, pero también pido compromiso personal con tus metas, y un mínimo de 4 horas semanales para ganar el equivalente a 1000 dólares mensuales en los primeros meses de tu emprendimiento.

Si quieres saber más de mis negocios, entrenamientos y libros te dejo el link de mi página:

¿Dar más barato es dar valor?

Muchos comerciantes hacen una competencia desleal de precios, prefieren ganar menos pero vender más, esa es la idea que pasa por su cabeza cuando dan a menor costo del precio a público, sin embargo, esto no es así, bajar el precio significa daños en tu negocio, en el de todos los demás afiliados y en la compañía para la que trabajas.

Mira, si bajas los precios, aparentemente estarías "ayudando" a tu cliente, pero la verdad es que no es así, lo estás mal acostumbrando a que pague menos valor de lo que en realidad vale tu producto, si das más barato, quizás ganes clientes una vez, pero no vas a fidelizar a tu "tribu" de seguidores, te convertirás en carroña comercial, y creo que a nadie le gustaría ser cadáver putrefacto o comida de buitres ¿o si?.

Cuando bajas los precios ilegalmente, tu negocio se va ir al fracaso, porque esa práctica no te sacará de tu estilo de vida endeudado, reproduces con ello un esquema de pensamiento que te dejará en la precariedad, tampoco lo es dar precios más caros. Debes dar precios justos por el producto o servicio que prestas, hay estándares en el mercado y deberías enriquecer el producto no empobrecerlo con precios bajos.

Dar más barato que la competencia no te va a permitir crecer, imagina que ganas en una venta un poquito porque has decidido vender más barato de lo que en realidad vale tu producto, quizá habrá un tipo de gente con bajo poder adquisitivo o muy avara que te consumirá, pero, ¿te has puesto a pensar que la idea de las redes de mercadeo es hacer redes?.

Hacer redes significa que el verdadero negocio es buscar personas que como tú desarrollen y cuiden su negocio para tener ingresos permanentes, trabajen o no, o sea obtener ganancias residuales en piloto automático, si vendes más barato, y te centras en eso, ganarás muy poco ya que siempre tendrás que estar presente cuando el "cliente barato" quiera el producto, y cuando no estés tú, ¿sabes a quién le va a consumir ese cliente barato? ¡Así es, a otra persona que también no sepa hacer negocios y esté dando barato!, eso quiere decir que el supuesto "valor" que les das a esos clientes es fácilmente sustituible, "alguien" muchos "alguien" podrán ocupar tu puesto, es por esto que no te conviene generar "clientes baratos", sino debes darte a la tarea de fidelizar clientes de calidad a los que les aportes un producto premium (en español de Primera) , ¡ese Producto de Primera eres TÚ!

Le haces daño a la compañía, efectivamente podrás pensar que la compañía no pierde porque tú como distribuidor ya pagaste el producto al precio de mayoreo que te da, pero le haces daño porque cada multinivel tiene una mística especial, representan en la mayoría de las personas una relación emocional entonces, cuando das un precio más barato no aportas valor a la marca que representas, al contrario, demeritas su valor y no haces negocio, te conviertes en un empleado de la compañía y no en un socio distribuidor; es triste ver cómo muchas personas que inician en las empresas multinivel al ver que no "mueven" el producto tienden a malbaratarlo para según ellos "recuperar la inversión", pero eso es tener una mentalidad enana, es decir, te quemas como comerciante y la gente va a pensar que todo lo malbaratas, incluido, tu principal producto, o sea ¡TÚ!

Un poco de autoestima, y sentido común te darán los elementos mentales para comprender que la profesión de vendedor sea el esquema que sea te convoca a ser lo más ético posible que tu entendimiento logre abarcar.

Las compañías hacen épocas de regalar, por decirlo de algún modo, son fechas en las que se hacen promociones espectaculares y donde el precio es tan atractivo que la gente literalmente te arranca el producto de las manos, para esos momentos, debes de conocer los ciclos de descuentos que te hace a ti la compañía para que hagas un plan de inversión mes a mes para abastecer a tus clientes presentes y futuros, es algo que debes de planear no reaccionar ante la posibilidad de quedarte con producto no vendido, en verdad es muy difícil supera los stocks de ventas si le das a tu negocio un mínimo de cuatro horas semanales, verás que puedes desarrollar en 5 años un negocio sustentable que te generará ingresos pasivos para darte una vida mejor de la que tienes en este momento y con la ventaja de que tendrás tiempo para hacer otras cosas, como por ejemplo, desarrollar nuevos negocios, ¿qué te parece?

Da valor y a cambio lograrás mucho valor para ti y los tuyos, imagínate si eso de dar valor lo apropias tanto que se convierte en una segunda piel para ti, independientemente de si te dedicas a las ventas o a los negocios, tus relaciones (redes) van a estar llenas de reciprocidad y tu vida invariablemente se transformará y a la vez, haremos de este Nuestro Mundo uno más… VALIOSO.

Recuerda que las formas en que das valor deben distinguirte, ser tu marca, porque "el sol sale para todos", si una persona considera que no le aportas valor y no te compra tu producto, no te "claves" ni te paralices, hay miles de personas en tu país, millones en el planeta, habrá cientos que se conviertan en tu tribu y a las cuales puedes humanamente darles un Servicio Premium, así que no te paralices y sigue adelante, aplica los principios que te comparto en este libro y verás que tus ventas se duplicarán mes a mes.

Maestría en Ventas

Como todo en la vida, cuando cometes errores, aprendes, cuando obtienes logros aprendes el doble, así que, para convertirte en un Maestro o Maestra en Ventas es necesario pasar por un periodo de aprendizaje inicial, si lo superas, si superas esa fase inicial es seguro que habrás ganado tantas destrezas diferentes que te será muy fácil vender cualquier cosa, en los límites de lo ética y socialmente aceptable, por eso te invito a que hagas de tu profesión de vendedora, o vendedor una universidad permanente, adquiere conocimientos de libros, pero también debes estar dispuesta, dispuesto a pagar por entrenamientos y seminarios, hacerte de los mejores maestros que en mi experiencia nunca encontrarás a todos juntos, fortalece tu mente, conviértete en un guerrero ninja cuya mayor destreza será la capacidad de adquirir aprendizajes e inmediatamente aplicarlos, hay muchas personas que te aportarán valor, algunas son gratis, como las personas que te rodean de manera natural, familia, amigos, compañeros, pero otros tendrás que pagar miles de dólares por un concepto, por una palabra, por una experiencia transformacional, no temas a pagar, porque tú eres un hermoso producto que se rehace diariamente y que entre mayor sea la absorción de nutrientes mentales y conceptuales, podrás enriquecer tu vida, la de los tuyos a quien más quieres y la de tus clientes.

Haz de tu vida una obra de arte en constante transformación, analiza, prueba, comprueba, comete muchos errores, pero nunca, nunca, nunca, nunca te detengas. La experiencia de vender valor, te enriquece en todas las áreas de tu vida, si bien la mayoría de las personas llegamos a los negocios para mejorar nuestro estado financiero, descubrimos a veces pronto aunque habrá casos de personas que nunca se dan la oportunidad de descubrir que las ventas lo último que te da es dinero, si, si llega y mucho, pero para eso habrás de haber descifrado un código que no se explicita cuando arrancas tu negocio y que después de varias experiencias vas descubriendo, asimilando, apropiado, acomodando a tu estilo y modelando.

Por medio de este libro te estoy ahorrando miles de horas de experiencias y miles de dólares en aprendizajes, pero cobrarán sentido en la medida en que los apliques, quizá una sola idea se te fije de este libro, y eso es bueno, porque quiere decir que comprendiste, aprendiste y te dispusiste a generar valor a tu vida y a la de tus redes (relaciones).

Redes = Relaciones

A lo largo del libro, me centro en los términos redes, para definir las relaciones que se forman entre vendedor-cliente y entre socios, una red es un esquema muy visual de cómo se organizan las relaciones entre los seres vivos, es una forma muy natural de comunicarse y relacionarse ente entidades semejantes.

Para fines prácticos puedes sustituir la palabra red por la de relaciones, cuando se da una relación, y se usa este concepto para denominarla, siempre viene a la mente por costumbre cultural una relación de pareja y con ello para muchas personas determina ciertos roles establecidos que denotan jerarquía y autoridad dependiendo del tipo de cultura en la que hayas vivido, tenderás a entender la palabra relación como dominación y poder ejercido de una persona para con la otra, quizá no sea tu caso pero quiero explicitarlo en este momento por que las redes son jerárquicas pero radiales, nodulares, interdependientes y autónomas a la vez.

Veamos a detalle esta definición de redes, recuerda que son relaciones entre personas, aunque el concepto aplica para muchos sistemas también.

Una red es jerárquica porque tiene un origen, si lo aplicamos a los negocios de mercadeo en red, existe la compañía que ofrece ciertos productos, el origen es la marca de esa compañía, alrededor, hay diversas estructuras, una para cada departamento y que tienen una función específica, en una de esas ramificaciones, se encuentra la fuerza de ventas que en el caso de los multiniveles (casi todos funcionan más o menos igual), son a la vez distribuidores, el negocio se produce por la diferencia que antes pagaban los intermediarios en el mercadeo en red al no haber tales intermediarios, se tejen redes alrededor de ese departamento de ventas-distribución, ahí es donde nace la idea de que si bien es jerárquica, de inicio, traspasando el primer nivel, seda una secuencia regular de distintos niveles por producción pero no por orden de aparición, es por esto que a la hora de tejer las redes la pirámide se rompe, eso es algo que no entiende mucha gente y ven un esquema Ponzi en los multiniveles, eso es en parte porque quieren justificar su falta de determinación para desarrollar sus negocios e irlos escalando de nivel ascendente. Un esquema Ponzi es muy fácil de reconocer, hay una persona con nombre y apellido que se apropia del dinero de los nuevos "socios".

Un nódulo, es una entidad independiente que se desarrolla de manera autónoma pero interrelacionada con otros nódulos que son los distribuidores del entramado de la red.

Cuando hablamos de relaciones en red hablamos de acompañamiento, eso quiere decir que nadie te obliga a hacer tal o cual cosa por que es tu negocio y lo puedes desarrollar o no según te convenga, pero si por lógica, has iniciado un negocio, lo evidente es que sea para obtener un beneficio económico, para generar ganancias, esto parece muy redundante, pero hay muchas personas que entran a este tipo de negocios con la idea de perder o de no desarrollar su negocio, es triste porque no se dan cuenta que además de desaprovechar una fuente de ingreso extra, atrofian la posibilidad de construir una tribu y ser parte de una comunidad más amplia que dicho sea de paso impacta al mundo generando líderes comprometidos con su sociedad, su contexto y por tanto el mejoramiento y beneficio del planeta.

En concreto, hablar de redes es hablar de un tipo de relaciones democráticas en su naturaleza, que buscan el beneficio de ambos nodos, ganar-ganar es el tipo de relaciones que se deben desarrollar en cualquier red, sea o no multinivel.

5. ¿Cuánta gente conoces?

"¿Y ahora qué?", seguramente te estará preparando para escuchar el tradicional "Haz una lista con 20 prospectos y prepárate a presentarles la oportunidad de tu negocio", déjame decirte que en parte hay una razón y un sentido de que siempre se pida eso en los multiniveles, de hecho es una estrategia muy antigua, desde que se comienza a desarrollar el comercio, es una de las estrategias más usadas y que mejor frutos dan, sin embargo, otra vez, las empresas, o más bien dicho quienes desarrollan el negocio de redes de mercadeo, han simplificado demasiado esto, si bien es cierto que la estrategia funciona muy bien, parte del hecho de que alguien conocido es percibido por las personas que conoce como alguien de confianza, por tanto siguiendo este pensamiento sería súper fácil conseguir clientes cautivos para generar ganancias.

Como verás en el desarrollo de este capítulo, la clave del desarrollo de cualquier empresa, sea multinivel, tradicional o en línea, consiste en apalancarse de las personas que uno conoce, pero no de cualquier persona, habrá personas que finalmente no les interesa lo que vendemos por múltiples razones y motivos: es un producto que no usan, al que no le hayan utilidad, o simplemente en este momento su "cabeza" está enfocada en otro tipo de cosas.

Todos los negocios consisten en un intercambio de valores, como lo haz venido escuchando desde el inicio del libro, si hay un intercambio justo de valores, se cierra la venta, si lo que ofreces es de utilidad para las personas te lo comprarán, pero si no lo es, entonces pasará de largo tu oportunidad para los prospectos y ellos seguirán con su vida y tú puedes elegir dos posturas ante este hecho.

Postura 1: Me niego a creer que no vean que lo que ofrezco es una enorme oportunidad.

Así es, todos los networkers, en un punto de nuestras carreras, nos damos cuenta que el producto es realmente excelente, y como sabemos que es súper buenísimo, nos empeñamos en que sobre todo las personas que más queremos lo usen, se beneficien de sus bondades y terminen inscribiéndose por la conveniencia de bajar el precio de venta de menudeo a mayorista, sin quererlo y a veces sin darnos cuenta nos convertimos en *acechadores* de nuestros amigos, vamos diciéndoles, casi rogándoles que prueben los productos que vendemos, pero esta estrategia lejos de producir resultados empeora la situación y con sólo vernos o saber que les vamos a hablar, piensan que vamos sólo a ofrecerles el producto, las amistades se deterioran y si no te das cuenta a tiempo puedes perder la confianza ganada de muchas personas, espero que este libro llegue antes de que eso haya sucedido, pero si no ha sido así no te preocupes, podemos revertir ese problema, siguiendo los pasos que conocerás en este y los siguientes capítulos.

Hay algo que debes entender; las personas por muy amadas que sean por nosotros no piensan como nosotros, no les motiva la misma causa y por tanto no ven lo que para nosotros es una obviedad, entonces, en un segundo momento cuando reflexionas tú mismo, tú misma o con tu iniciador o con otro compañero de negocio, llegan a la conclusión de que lo que tienen esas personas es *ignorancia*, y entonces pasas de la estrategia acechadora a la educadora, así es, vas diciéndoles todos los beneficios que tiene el producto, aprendes las fichas técnicas y reconoces al mismo tiempo que antes no te tomabas tan en serio tu negocio, ya que como probaste el producto, no veías mucho caso aprender de sus componentes y particularidades; ahora si, te vas haciendo profesional del mercadeo en red.

Postura 2:No insisto más y me dedico a buscar al cliente ideal.

La segunda postura, es muy proactiva, has entendido que no hay mucho que hacer por ellos por el momento, de vez en cuando ofreces tu producto pero te centras más en compartir con ellos los beneficios que tú has obtenido, en el desarrollo del negocio y el uso del producto. Consideras a tu lista inicial de prospectos pero poco a poco surgen nuevos conocidos y nuevas oportunidades para generar al cliente ideal.

Y aquí es donde nos topamos con una pregunta clave para el desarrollo de cualquier empresa:

¿Cuánta gente te conoce? ¿Y qué es lo que saben de ti?

Esta debe ser una pregunta muy importante para ti, porque como vimos en el capítulo 2, tú eres el producto, y de ti depende si se cierra la venta o no, y no tiene que ver con artimañas y engaños, más bien tiene que ver con la confianza que generas en las personas, el porqué te compran no es un misterio es una proposición lógica: Si eres honesto, si eres una persona confiable, venderás cualquier cosa, si por el contrario, tu imagen, toda tu conducta carece de confiabilidad, venderás muy poco o simplemente nada venderás, y cuando digo NADA, es una referencia a otras áreas de tu vida.

Has oído a muchas personas que te argumentan que no entran a tu oportunidad de negocio por que "las ventas no son para mí", eso es muy peligroso que lo diga una persona, porque quiere decir que aún no ha entendido que siempre estamos realizando intercambios de valores; es decir, continuamente nos estamos vendiendo y si no lo estamos haciendo quiere decir que somos consumidores pasivos.

Sino me crees, fíjate en la vida de esas personas que no "sirven para vender", seguramente sus relaciones son desastrosas, ellos obviamente nunca lo dirán pero son personas que se han ido conformando, que están en el trabajo a fuerzas, que buscan la comodidad de la vida, y no es lo mismo comodidad que confort, que se conforman con una relación de pareja disfuncional, ellos o ellas, incluso han permitido que su cónyuge los engañe, es decir, el tipo o la tipa con quienes cohabitan no les han comprado más su valor.

Sé que suena muy materialista e impersonal esta descripción del carácter humano; pero la realidad aunque doloroso se tendrá que asumir en algún punto de la vida.

Es por esto que la próxima vez que alguien te de el argumento de "las ventas no son para mí", diles de manera muy amorosa: "siempre estamos vendiendo o comprando, tú decides si lo que ofreces es tan valioso que sea intercambiado por otro valor igual de valioso, o, te conformas con consumir lo que cualquiera te ofrece". Sé que la persona si es de tu confianza, entenderá lo que le dices y aunque sea doloroso es mejor hablar con la verdad.

Y ese hablar con la verdad siempre debe aplicar para ti, y para las personas que prospectas a clientes o socios de negocio, si las personas saben de ti muy poco, entonces, es momento de que les muestres quien eres en realidad, y para eso me gustaría saber que tu autoconcepto es muy alto, que tienes metas definidas y que día a día desarrollas los hábitos que te van acercando a esa persona que está en tu interior y la cual vas moldeando y desarrollando con cada segundo de tu día a día.

Mostrarles a las personas el tipo de personalidad que tienes no tiene que ver con que conozcan tu vida íntima, por el contrario, recuerdas ese dicho de que "como te vistes te ven" y que se complementa con el otro que dice "como te ven te tratan".

Imagínate por un momento que un hombre toca la puerta de tu casa, se encuentra vestido de manera muy hippie, digamos que trae huaraches artesanales, barba muy larga, pelo largo y bueno, su aspecto no es muy pulcro que digamos quizá hasta emane de él un olor muy raro y peculiar que no alcanzas a distinguir pero que por su vestimenta puedes imaginar que es suciedad.

Este hombre, te dice que está buscando a tu vecino de al lado, que le trae algo y ves que en la mano llena de uñas largas, agita una botella, tu primera reacción es que puede ser alcohol o algo que no se ve nada bien, entonces te pide que se lo entregues tú, sin embargo, la primera y la segunda y la ultima impresión que te ha dado ese tipo es de desconfianza, y hay muchos experimentos sociales que se han documentado en video incluso podrás encontrar muchos en YouTube, donde por el hecho de ver a una persona mal vestida se le niega la comunicación.

En fin, regresando a nuestro ejemplo, decides no tomar ese brebaje y cerrarle la puerta en las narices al hombre. Al día siguiente, llega tu vecino muy preocupado y te pregunta si alguien ha venido a buscarlo, tú no le dices porque la verdad, no recuerdas el incidente del día anterior porque tu mente no le dio importancia, la desconfianza que te produjo aquél encuentro con el extraño y maloliente hombre se borra de tu mente, pero ya cuando estás por cerrar la puerta a tu vecino, regresa tu memoria y se lo comentas, ves como de la cara de preocupación de tu vecino se llena de una sonrisa que no sabes cómo entender, resulta que, al contarle a tu vecino la escena, te comenta que el tipo raro del día anterior es en realidad un gran doctor, que realiza sus propios medicamentos pero que es reconocido y de fama mundial, tu cara, se torna consternada, el brebaje aquél que intentaba dejarte es un prototipo de la cura contra el cáncer, que se encuentra en fase experimental y que tenía que ser llevado a pruebas sanitarias por tu vecino.

"Oh no", tu cara y expresión de asombro no permiten que entiendas todo, lo que si es que has aprendido a no juzgar a las personas por su apariencia, ¿no es así?.

Bueno, lo mismo pasa contigo, quizá tu piensas que andar de jeans de mezclilla y una playera pueda ser una buena idea, pero créeme, no lo es, primero tienes que vestirte lo más limpio que puedas, aunque no tengas traje sastre o una ropa de etiqueta, vístete limpio, huele bien ante los demás, que no te suden las manos ni que las tengas rasposas, trata de maquillarte de manera profesional, si eres mujer, ni cara lavada ni el molcajete en la cabeza, trata de mantener una apariencia siempre presentable no importando si son vacaciones, si no vas a salir a trabajar no importa, nunca sabes en que momento llega algún prospecto a cliente o a inicio, no te digo que si vas al gimnasio vayas de tacones, no en absoluto, pero puedes desarrollar un look profesional, limpio, que denote tu esmero en tu persona y en tu imagen que sea agradable a la vista de los demás, no te vaya a pasar como la del doctor de nuestro ejemplo, de fama internacional pero desaliñado.

Esa es una forma de darte a conocer, la otra tiene que ver con valores y principios, con ética profesional y personal para ser más exactos, mantente siempre apegado, apegada a altos estándares, eso es importante para tu negocio, sobre todo para las redes de mercadeo porque definirán compartir una visión y un trabajo en equipo, encontrarán a tu lado personas que te motivarán a continuar y seguir adelante y a ser tu palabra, sobre todo a ser fiel a ti mismo, a ti misma.

Déjame compartir una situación que desgraciadamente es muy común entre los networkers, el *robo de socios*, así es, hay personas que interceptan a tus prospectos y los firman a su nombre, actuando de manera muy poco ética, pero, como dije, los hay, conozco el caso de una mujer y su marido que cuando iban a las reuniones generales donde había invitados para presentación de oportunidad de negocio, los interceptaban en la planta baja del local donde sería la reunión de negocios, les atendían muy amables y les pedían que se anotaran en una lista de registro que después presentarían en el registro oficial como la lista de sus invitados; obviamente, muchos de los prospectos a socios no caían en cuenta que estaban siendo usados para esos fines, al final, cuando se dice en la mayoría de los multiniveles "vayan con su anfitrión, la persona que los ha invitado para que firmen y aprovechen esta gran oportunidad", ahí venían los problemas, si las personas que eran invitados no tenían a la mano a su anfitrión y se interesaban por la oportunidad, obviamente eran firmados por la persona que los interceptaba, y si estaba el anfitrión que les había extendido la invitación entonces se daban alegatos porque obviamente aparecía en la lista del anfitrión ladrón. Ese tipo de personas obviamente nunca tienen resultados y si los tienen los generan con engaños y presentan mucha rotación en sus equipos, gente que se va dando cuenta de la "calaña" que son y los abandonan.

Otras veces sucede que haces toda la labor para que se inscriba alguien contigo y de repente te das cuenta que se inscribe con otra persona, tú hiciste el trabajo y otro se lleva el crédito, te pregunto en ese caso ¿vale la pena que tengas ese tipo de persona en tu equipo?, así es, no vale la pena tener a alguien que te da puñaladas por la espalda por eso no desesperes, la oportunidad quizá no es para todo mundo y debes tener la posibilidad de seleccionar a las personas y clientes con que te relaciones.

Recuerda el esquema:

$$V = V$$

A igual valor corresponde su equivalente:

Valor 1 – Valor A
Valor 2 – Valor B
Valor 3 – Valor C

Tú vales mucho, tu tiempo, tu vida, eres el producto y requieres conservar el alto valor que tienes en todas las relaciones de compra-venta que haces.

Así que aprende a venderte, da muchísimo valor para que tengas una retribución igualmente valiosa para ti, y aquí me gustaría decirte que de ahora en adelante debes tener dos tareas centrales, una es "Buscar gente entre la gente" que se convertirán en tu equipo poco a poco y la segunda tarea que te invito a que realices es la de convertirte en un vendedor profesional, que sepas vender-te y generes muchísimo valor alrededor tuyo. De la primera hablaremos más adelante en el capítulo 7, de la segunda ahora mismo te pido que prestes mucha atención y tomes la acción que requieres en estos momentos para convertirte en un vendedor profesional.

¿Por qué es importante ser un Vendedor Profesional?

Mira, en este momento quiero abrir un espacio para compartir contigo un tema muy importante: La Profesionalización del Vendedor. Así como lo oyes, para ser vendedor y vivir de ello, hay que profesionalizarse, no entraré en muchos detalles en este libro ya que no es el tema central del mismo, pero debes estar consciente de que ser vendedor conlleva mucha responsabilidad, estás compartiendo un producto, que quizá ni siquiera tenga el aval de las autoridades sanitarias que corresponden, y hay que ser claros en este sentido, muchos de nuestros negocios dicen que curan cosas, pero la verdad es que esa curación dependerá de muchos factores, no son medicamentos y de ahí la leyenda "este producto no es un medicamento, el uso es responsabilidad de quien lo usa y de quien lo recomienda", por eso, no vendas castillos en el aire, ser un vendedor profesional, seas networker o no, incluye el factor ético y honesto, debes ofrecer tu mercancía siempre en ese marco de la legalidad establecida del lugar donde comercias, ya pasó mucho tiempo en que los merolicos timaban a las personas casi siempre a las más pobres y les vendían cuanto menjurje se les ocurría, en realidad hay pocas compañías que se siguen moviendo en esa tónica de pociones mágicas y milagrosas, pero las hay, por lo que te invito a revisar tu compañía y las fichas técnicas de los productos que comercializas, para esto, puedes acceder totalmente gratis a mi informe acerca de si tu compañía es la adecuada para desarrollar mercadeo en red y si aún no tienes compañía cuál sería la ideal para ti.

Te daré acceso totalmente gratuito a este reporte desde mi página web:
https://www.kandypartemia.com/recursos

Da clic en 11 pasos para triunfar en el multinivel. O envíame un correo con tus datos completos a contacto@kandypartemia.com

Características de un Buen Vendedor:

Todos los vendedores tiene características comunes, podrás encontrar en otros autores listas más o menos parecidas, yo quiero acotar la lista para que te vaya resultando fácil recordarte a ti misma a ti mismo, lo que define en realidad a un buen vendedor, toma nota y aplica estas sencillas estrategias en tu día a día.

Característica 1: Un Buen Vendedor siempre da antes de recibir.

Como he venido comentando desde el inicio del libro, vender es un intercambio de valores, puede ser que le des una mercancía a un cliente y este a cambio te de dinero, que a su vez lo obtuvo de su trabajo o de otro intercambio de valores. El trabajo también es un intercambio de valores, no quiero entrar en detalles de la plusvalía y la explotación del hombre por el hombre, pero si me gustaría decirte que efectivamente el empleo representa una explotación y es donde menos intercambio de valores se da de manera equitativa, se da pues una explotación y se produce la plusvalía que es la ganancia de los dueños de los medios de producción.

No quiero mezclar temas pero déjame contarte un secretito que parece ser que muy poca gente conoce o quiere llegar a darse cuenta de eso, los medios de producción ya han cambiado y hoy es muy fácil tomarlos, sin embargo es un periodo de gracia así que ojalá sepas a lo que me refiero y si no es así búscame en redes sociales como KANDY PARTEMIA y en mi página web kandypartemia.com y mantente en contacto y atenta, atento para que descubras cómo puedes mejorar tu vida económica apalancándote de estos medios de producción de la era del conocimiento.

Aprender a dar valor debe ser la primera habilidad que un vendedor debe desarrollar, no hay nada misterioso o científico en ello, dar valor debe surgir de un intercambio de necesidades, por un lado está tu cliente (en este momento, el cliente es quien te compra el producto de valor que das, pero también son tus socios que ven en ti un líder que les aporta mucho valor a sus vidas por que compartes con ellos, con ellas, estrategias ganadoras que les hacen generar mayores ingresos).

En el capítulo cuatro debiste desarrollar cinco formas de generar mayor valor a tu producto y servicio, aplica también para cualquier área de tu vida, pensemos por ejemplo en una pareja, con esa persona compartes muchas cosas en común , y características que hicieron decidirle a él o a ella por ti, y que día a día elige estar a tu lado, entonces, debes pensar un poco, las cosas no se van a mantener siempre así, si tu cambias, y a veces el cambio es tan sutil que ni cuenta te das, cambias en rutinas, en frases, detalles, etc., la persona que está a tu lado va a notar esos cambios y entonces quizá llegue alguien que tenga lo que antes le dabas tú de valor a su vida y te cambie por esa persona, no tiene que ver con fidelidad más bien tiene que ver con cambio de conducta y de aporte emocional, ese puede ser un ejemplo negativo, te he dejado sin pareja momentáneamente, pero digamos que efectivamente has cambiado, que tus intereses son otros, y que obviamente comienza a haber una brecha emocional entre tu pareja y tú, entonces el intercambio de valores no es equitativo, supongamos por un momento que tomaste un taller, donde limpiaste muchas cuestiones emocionales, o tuviste un periodo de terapias psicológicas donde te hiciste cargo de manera responsable de muchos aspectos de tu vida que antes asumías como víctima del destino, entonces, de repente, cambiaste, tu conducta cambió y la persona que está a tu lado no te provee el impacto emocional que tú necesitas, quizá pasaste de ser la víctima del destino a la persona responsable de tu propia vida.

¿Hace sentido para ti?, si no hay un intercambio de valores aunque estos sean valores emocionales no se cerrará ninguna venta y sin ventas no hay paraíso, recuérdalo.

Para dar mucho valor a las personas tienes que "rascar" en tu interior, resaltar los valores que tienes, literalmente: responsabilidad, voluntad, honestidad, etc., etc., y darlos a conocer, necesitas mostrárselos a tu futuro cliente, necesitas explicitar eso de valor que tu das, piensa otra vez en esas cinco formas de dar valor a tus clientes y/o socios.

Característica 2: Un Buen Vendedor sabe exactamente lo que va a vender y a qué tipo de gente se lo vende.

Tener precisión a la hora de lo que se va a vender es algo que te permite responder de manera asertiva ante cualquier interacción comercial, si vas por la vida sin saber exactamente lo que quieres generar, déjame decirte que estás planeando tu vida para el fracaso, así de simple o vendes tú o compras lo que otros dicen que compres, esto parece, muy sencillo pero no lo es, tiene un tinte sociológico y psicológico que no es tema de este libro pero que puedes reconocer muy fácilmente cuando observas a las personas que ven mucha televisión, su forma de pensar es distinta, de hecho no quisiera decirlo pero la mayoría de las personas que conozco y ven mucha tele realmente llega un punto en conversaciones de análisis que no pueden seguirte el hilo, y la verdad son personas con una inteligencia normal, pero al no ser conscientes de el por qué razón ven la televisión pues van "comprando" las historias que les venden los medios de comunicación, están colonizados mentalmente.

Reconocer lo que vendes y a quién se lo vendes es de suma importancia, porque si lo que quieres es aportar el mayor valor posible, no le ofrecerás un producto o servicio a una persona que realmente no lo necesita o que sin duda no podrá gastar en ello y lejos de darle valor se lo restarías, quizá ganes una venta pero perderás un cliente y lo que debes hacer para generar ventas continuas y en conseguir clientes fieles: una tribu, que te siga porque aportas valor a sus vidas, esto es muy claro en la industria del entretenimiento, hay actrices o actores que realmente no son muy buenos pero que conmueven al público para identificarse con el tipo de personajes que interpretan, hay una identificación que aporta valor al público porque se ve representado algo de ellos en la pantalla, entonces, van y compran la película de ese actor, de esa actriz, por que casi siempre se encasillan en un personaje arquetípico, la industria lo sabe y obviamente lo explota.

Característica 3: Un Buen Vendedor es paciente pero sabe atacar cuando es necesario e indispensable, usa la estrategia del tigre sigiloso, callado, analítico y feroz.

El Vendedor debe saber que tarde o temprano cerrará la venta con las personas que ya identificó previamente como prospectos adecuados para su producto o servicio, ya les ha aportado valor continuamente y por tanto sabe que es cuestión de tiempo para que pidan sus servicios, algunas veces hasta llega muchísimo antes la venta que el haber identificado al cliente y eso es porque has dado un valor previo y ¡zaz! has dado el "blanco"

Desarrolla la técnica del tigre, mantente sigilosa, sigiloso, analiza la situación y actúa, siempre acciona hacia construir el contexto de cierre de venta, y mantente alerta para no dejar ir a tu "presa", a la que en lugar de comértelo y matarle; le aportas valor a su vida.

Característica 4: Un Buen Vendedor es una rosa para las personas.

Así es, un Excelente Vendedor es aquél que aporta tanto valor a las personas que da gusto interactuar con él, con ella.

Haz oído la frase famosísima acuñada por Mary Kay: "Hazme sentir importante", quien conozca la compañía, sabe que uno de los principios que enseñan durante todos los entrenamientos es el tratar a las clientas y prospectos como si tuviesen un letrero en la frente que dice "Hazme sentir importante", y eso es precisamente lo que un Excelente Vendedor debe hacer siempre, hacer sentir confortable a la persona que será su cliente y con ello se gana la confianza por que el prospecto percibe al Vendedor como alguien que lo está protegiendo.

Para aplicar este principio, se debe ser sincero, la hipocresía no vende. Este principio es tan obvio para las empresas que ofrecen servicios, sin embargo para los empleados no lo es siempre, trabajan por un cheque quincenal y la verdad ni por hipocresía les muestran interés a los clientes, eso pasa por ejemplo con algunos meseros, que quizá vean en la persona a alguien que no les va a dejar propina, no lo sé, pero muchos empleados van por la vida comportándose de esa manera déspota y ruin ya que al parecer no les pagan bien y por tanto no les interesa las ganancia de la empresa para la cual prestan sus servicios.

Parece que en vez de ver el cartel "Hazme sentir importante", ven otro que les dice "Hazme sentir como delincuente", eso pasa también con el personal de seguridad, quizá para ellos debiera ser un cartelito imaginario que diga "Hazme sentir seguro" en vez de "Vigílame que te robo", es muy incómodo y sinceramente ante esa mirada hostil los que somos clientes preferimos ir a gastar nuestro dinero a otra tienda con menos vigilancia al menos visible.

De ahora en adelante pregúntate cada vez que interactúes con alguien, sea conocido o desconocido: ¿Le sumo valor a su vida o le resto? ¿Cómo podría darle más valor a esta relación que tengo con él o con ella?, estas preguntas te darán un extraordinario entrenamiento en ventas, y a parte verás muchos cambios en tus relaciones cotidianas que enriquecerán mucho más tu vida.

Como te has dado cuenta hasta aquí las redes generan Poder, poder de acción, poder para ayudar a más personas, poder para ganar, entonces quizá el negocio no es vender tal o cual cosa, tu negocio de ahora en adelante será conocer gente, así como lo lees, TU NUEVO NEGOCIO DE AHORA EN ADELANTE ES CONOCER GENTE, ¿qué tipo de gente? Gente entre la gente, en el capítulo 7 te diré en qué consiste esto.

Por eso si vas a conocer gente, entonces tendrás que hacer dos cambios importantes en tu vida, el primero tiene que ver con consolidar una imagen congruente contigo y con el valor que das al mundo y la segunda tiene que ver con la distribución de tu tiempo y de las actividades para darle lugar a esa área para socializar y potenciar tu negocio al nivel absoluto de liderazgo.

Ya hemos visto en este capítulo lo referente a la imagen, sigue trabajado en ello, y a continuación en el siguiente capítulo veremos un esquema indispensable que requieres entender ¡pero ya! Y que se refiere a la utilización productiva del tiempo en tu negocio. Y como dicen los españoles ¡Vamos allá!

6. El "Triángulo de Tu Tiempo"™

Hasta aquí has podido reconocer la gran importancia que tienen las redes para cualquier negocio, si bien el tema se enfoca en el desarrollo de los negocios de redes de mercadeo, los principios que vas aprendiendo aplican para cualquier industria, si estás en bienes y raíces, si te dedicas a invertir en la Bolsa de Valores, si eres un comerciante, si vendes seguros, si tienes un despacho o consultorio, incluso podría aseverar que el Decálogo del Vendedor Confiable aplica para enriquecer cualquier tipo de relación.

Haz podido darte cuenta de que las redes se construyen a partir de conocer gente, y de que esta gente se conecte contigo para hacer un intercambio de valores, ya en este punto habrás definido con mayor precisión las características que TÚ como producto puede agregar de valor a tu cliente ideal, a la persona que tiene ese "dolor" del cual tú tienes la "cura", así entendidas las ventas hemos desterrado en este punto dos de las ideas preconcebida que hay acerca de las ventas, la primera se refería a que hay gente que asume que las ventas no son para ellas, ya te he demostrado con diversos ejemplos que todos estamos en permanente compra-venta de valores, ya sean monetarios o emocionales. Y la segunda idea muy arraigada que tiene que ver con que las ventas consisten en engañar a las personas convenciéndolas a partir de mentiras para que compren un producto, un producto que no les aporte nada a ellos, eso debe quedar borrado de tu mente, ser vendedor es tener la capacidad de apoyar siempre a las personas y por eso es importante distinguir que el producto principal eres tú, debiendo ser tu pregunta de cabecera siempre ¿cómo es que puedo aportar más valor a mis clientes?, esa debe ser de ahora en adelante una prioridad en tu profesión como Vendedor Confiable y como persona en la vida, pregúntate diariamente ¿cómo puedo aportar más valor a mis clientes? Y la otra pregunta que debe rondar en tu cabeza será ¿cómo puedo llegar a ayudar a más vidas? Para responder la primera ya hemos visto en el capítulo anterior una forma efectiva de generar confiabilidad en las personas y es momento de que dirijas tu atención al que te he comentado es a partir de hoy tu nuevo negocio: el de conocer gente.

En mis entrenamiento me gusta que las personas a las cuales apoyo reafirmen en voz alta su nuevo negocio, por lo que te voy a pedir que en este momento hagas tú lo mismo y digas con bastante convicción:
"Mi nuevo negocio es el de conocer gente"

Y hay una razón de repetírtelo a ti mismo a ti misma en voz alta, debes apoyar a tu mente a que entienda y acepte los nuevos paradigmas que se han originado al leer este libro, de ahora en adelante tus mantras serán:

"El producto soy yo"

"¿Cómo puedo aportarles más valor a los demás?"

"Mi nuevo negocio es el de conocer gente"

Memorízalos, interiorízalos y actúa consistentemente con ellos, tus resultados como vendedor y vendedora superaran los límites que hasta ahora hubieses podido tener.

En el esquema que verás más adelante, se representa toda tu vida, así es, todo tu tiempo, el tiempo es vida, ¿recuerdas en el capítulo 3 donde veíamos el valor de ese "producto" que eres tú?, en el esquema te decía se resumen las actividades centrales de la vida de todas las personas, en este esquema verás tres sectores diferenciados, el primero que corresponde a la línea lateral izquierda del Triángulo de Tu Tiempo (TTT)™ encontrarás todas las actividades de carácter personal; como pueden ser, las que destinas para el mantenimiento de tu corporalidad, de tu espiritualidad y de tu intelectualidad, las actividades como comer, asearte, realizar algún ejercicio, ir al doctor, a la iglesia, leer, ir a la escuela, aprender a tocar un instrumento o a desarrollar alguna habilidad intelectiva se encuentran en este sector del TTT (Triángulo de Tu Tiempo)™.

En la parte derecha, se describen las Actividades Para Generar Dinero, ahí van todas aquellas acciones que te generan ingresos, ya sea que tengas empleo, cualquier tipo de trabajo que te genera dinero, negocios, inversiones; principalmente eso.

Y en la base del Triángulo de Tu Tiempo (TTT)™ se encuentran las actividades foco en este momento para ti, las que te van a servir para enriquecer las Redes que vas a tejer para acceder a un nuevo estilo de vida.

Tu negocio, te reitero, acaba de dar un giro exponencial, de ahora en adelante será encontrar gente donde hay gente. Reflexiona un poco esta frase.

Quizá resulte un poco confusa y te estés preguntando "¿Kandy, cómo es eso de encontrar gente donde hay gente?"

Así es, amiga, amigo, encontrar gente pero no cualquier gente, en el siguiente capítulo te detallaré con exactitud a qué se refiere esa frase. Por el momento quiero que te centres en el esquema del Triángulo de Tu Tiempo:

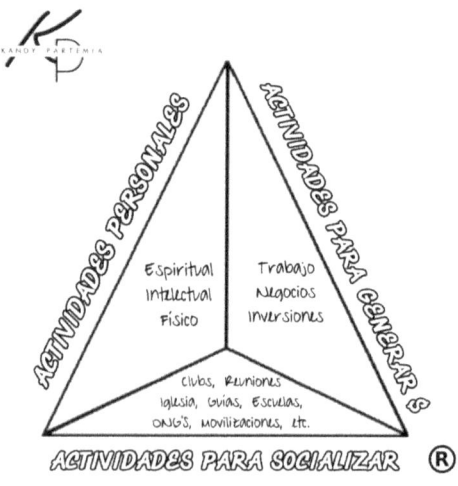

Y fíjate que lo nombre el Triángulo de TU TIEMPO: TU TIEMPO, TUYO, de nadie más, por lo que debes de hacer una pausa en la lectura y responder en total sinceridad ¿en qué estás destinando TU TIEMPO? ¿Qué actividades realizas en tu desarrollo personal? ¿Eres consciente de ellas? ¿A qué hora comes?, ¿A qué hora duermes?, ¿Cuánto tiempo destinas en minutos al día a asearte?, ¿A ejercitarte?, ¿No te ejercitas? ¿Por qué?, en este punto, si empiezan a salir los "esques", quiere decir que tienes que resolver y clarificar tu propósito, si tienes problemas para contestar a las preguntas de esta sección, te invito a que me permitas apoyarte y acompañarte en el autodescubrimiento de tu ser, y en el desarrollo de un sistema que generará en tu vida abundancia y prosperidad en cada área de tu vida, te invito a que tomes acción y no dejes pasar más tiempo VALIOSO de ¡TU VIDA! Y te inscribas a uno de mis Talleres que encontrarás en el siguiente link:

https://www.kandypartemia.com/entrenamientos

Cuando tu agenda se vea literalmente llena de actividades, y eso quiere decir que es un horario que tú mismo, tú misma "contrataste" contigo, aceptaste y lo vives día a día; en las actividades para generar, supongamos que tienes 4 horas semanales para desarrollar tu negocio de mercadeo en red (y son una buena cantidad para comenzar y darle mantenimiento a tu red de socios), 40 horas a la semana por tu empleo (y cuando tienes múltiples fuentes de ingresos comienzas a valorar cuanto tiempo y vida has gastado en un empleo, empleo que muchas veces no te da siquiera para completar tus gastos personales), dos horas a inversiones(y esto aplica en minutos incluso diariamente a hacer Trading por ejemplo), y así sucesivamente.

De esas horas que destinas a generar ingresos debes apartar semanalmente el 20% del total de ese tiempo para desarrollar la base del Triángulo de Tu Tiempo, debes entender en este punto que socializar no quiere decir irte de farra con tus cuates, aunque de ahora en adelante tendrá mayor sentido hacerlo, no me refiero a eso.

El 20% de tu tiempo para generar debe destinarse a socializar y encontrar "gente" con características muy concretas que explicaré en el séptimo y último capítulo de este libro.

¿Por qué 20%?, bueno, en este punto te debe quedar claro la Ley de Pareto que dice que el 20% de la población gana el 80% del dinero, que el 80% de las ventas las realizan el 20% de los vendedores, que todo se rige más o menos con estos porcentajes, por eso, si lo trasladamos a la productividad del tiempo, de TU TIEMPO, puedes con seguridad entender que invertir el 20% de ese tiempo será suficiente para generar el 80% de tus prospectos a clientes. Los porcentajes no son exactos y pueden variar pero no mucho, es por eso que es interesante que precises en base a la práctica y a accionar diariamente la forma y los lugares en que conocerás la gente a la que puedas aportar valor y ellos a ti, intercambiando tus servicios y mercancías por sus necesidades y dinero.

De ahora en adelante debes de elegir a tus amigos, o mejor dicho, darles la opción a todas las personas de que ellos y ellas te seleccionen a ti, te prefieran a ti como amigo, y quizá te estés preguntando en este momento "¿cómo hago para que me elijan a mi?"

Lo primero y de lo que ya hemos venido hablando durante todo el texto es que no debes pretender ser alguien más quizá si debes explicitar aquello que eres en realidad, definir tu propósito con claridad debiera ser tu primer punto de partida, si aún no sabes con exactitud cuál es tu propósito, permíteme apoyarte, y acompañarte en ese maravilloso viaje de introspección con alguno de mis talleres transformacionales y entrenamientos permanentes en: https://www.kandypartemia.com/entrenamientos

Los Cuatro Pilares del Liderazgo Actual:

Para que esto suceda, para que te elijan las personas, para que te prefieran los clientes, debes desarrollar las cuatro habilidades fundamentales de todo Líder que son:

Responsabilidad

La responsabilidad es la capacidad que te ayudará a llegar a la mente de las personas, una persona responsable es la que cumple lo que dice, pero que lo hace no por que lo dijo sino por que esa acción representa un actuar en apoyo al otro, ser una persona responsable si bien tiene que ver con ser puntual, con cumplir en tiempo y forma, es primero que nada una persona que no hará daño a nadie, ni a ella misma ni a los demás, por eso, tu vida debe reflejar esa responsabilidad en todos los ámbitos de tu vida.

No mal interpretes la responsabilidad con la actitud de perfección, los seres humanos somos ambiguos antropológicamente hablando, nunca seremos totalmente perfectos porque el concepto de perfección variará de tiempo y de contexto. Ser responsable tampoco tiene que ver con una visión moralista de la vida, no, tampoco, responsable éticamente si, profesionalmente, también, humanamente apegándote sobre todo a tu verdadero ser.

Si eres una persona Libre, por ejemplo, no andarás pidiendo que se esclavice de alguna forma a las personas, quizá pienses que exagero, pero aunque en la época actual no podemos ver ejemplos de esclavitud, hay situaciones que nos esclavizan y a veces no nos damos cuenta de ello, por eso si en tu ser está la libertad como un principio inalienable deberás reflejarlo fielmente en tu vida, con ello y quiero insistir mucho no te vas a convertir en un paranoico de la libertad, porque eso también sería parte de una especie de esclavitud de tus virtudes, por hacer un juego de palabras algo filosófico.

Confianza

El segundo pilar del liderazgo es la confianza, emanar confianza y ser confiable. Una persona que desea transformar su mundo e impactar de manera positiva a los otros debe emanar confiabilidad, ser confiable para otros ya lo hemos dicho en el capítulo anterior, es generar empatía sincera con los demás, es dar antes que querer recibir, es venderse de manera humana, honesta y en sinceridad siempre.

Ten por seguro que estos principios funcionan hoy, mañana y en el pasado porque son características que todos los Líderes Verdaderos reproducen en su personalidad; síguelos y habrás allanado el difícil camino del éxito.

Planeación

Un líder, planea su éxito, nadie que haya generado logros en cualquier aspecto de su vida ha ido viviendo nada más así sin voluntad alguna, nadie.

Si no planeas tus éxitos, déjame decirte dos cosas: la primera es que estás planeando tu fracaso, así es; y la segunda es que dejas que alguien más decida tu vida, es decir estás siendo pensado por otros, y eso es peor que la condición de los animales, porque un animalito, actúa por instinto, ataca, come, vive día a día e incluso muere, de manera instintiva. Hay personas que han conseguido convertir su "instinto humano" en una obra de arte, ¿por qué digo esto?, son personas que ya no cuestionan ni actúan de manera reactiva, simplemente han llegado a tener tanta paz en su interior que el mundo simplemente es un momento para ellos, algunas tradiciones les llaman a estos seres iluminados o maestros y es que su ser ha sido elevado a tal grado que ya no necesitan demostrarse ni demostrar nada, están más allá del bien y del mal, trascienden porque su vida ha sido ejemplar y por supuesto han desarrollado los cuatro pilares del liderazgo con extraordinaria maestría. No ahondo más en el tema porque este no es el lugar para hacerlo, seguramente más adelante en otro libro explicaré más a detalle este tipo de liderazgo iluminador.

Excelencia

Una persona excelente no es aquella que todo lo hace bien a la primera, es aquella que hace todo lo mejor que puede, lo mejor que sus circunstancias y condiciones le permiten, por ejemplo, una carrera de 100 metros, si eres un atleta profesional seguramente ganarás la carrera, supongamos esta situación, en la pista, se encuentran 4 personas a tu lado, incluido tú, van a correr 100 metros planos, se están preparando y puedes darte cuenta que a tu lado izquierdo está un hombre sin piernas, obviamente piensas y te ufanas de que seguro ganarás la carrera, a tu lado derecho ves a un niño de unos 6 años el cual se ve bastante inquieto, ahí empiezas a dudar, de que le ganes, si bien tiene una circunstancia de ser más pequeño quizá empiezas a sentir el dolor de tus articulaciones o a mirar tu sobrepeso si es que no estás en forma, pero si eres una persona que se cuida y ejercita, será pan comido para ti la carrera, de repente ves llegar al extremo izquierdo a un hombre de color, alto, súper atlético y con unas piernas que hacen ver su musculatura desarrollada indicándote que es un atleta profesional, ¿cuál sería tu ánimo en este momento? Aún así, se preparan los cuatro, y arranca la carrera, tú con más dudas que certezas tienes dos opciones, darte por vencido antes de que comience o a los pocos pasos abandonar porque obviamente no ganarás o….

Dar tu mejor esfuerzo y llegar aunque sea con dificultad y uno que otro calambre a la meta, quizá llegues en último lugar o en tercero o en segundo, eso depende de tus competidores, pero ¿qué tal si, el atleta de color que estaba en el extremo izquierdo pierde el equilibrio, tropieza y puedes ganar?

Siempre, grábalo en tu mente elegimos dos posturas, o damos lo mejor de nosotros o nos rendimos conformándonos con nuestra escala de creencias limitantes. Siempre.

Así que es mejor, hacer las cosas en excelencia total, y eso es dar lo mejor de nosotros mismos, elige ser mejor siempre y la suerte en tu vida cambiará, porque la suerte se crea desde ti no desde algo externo a ti.

Para convertirte en ese líder que las personas aclamen, en ese vendedor requerido por sus clientes debes darte a la tarea de encontrar gente entre la gente, de eso trata el próximo capítulo, así que toma nota de este extraordinario concepto muy mexicano, muy norteño y muy honesto que hará de tu negocio un éxito de ventas total.

7. ¿Cómo encontrar "Gente entre la Gente"?

Así como en el capítulo dos viste que el producto eres tú, en este capítulo te tengo otro nuevo paradigma, tu negocio no es ganar dinero, no es vender muchísimo, tu negocios es encontrar "Gente entre la gente".

Recuerda, repite y vive día a día con este nuevo mantra: "Mi nuevo negocio es el de conocer gente, Gente entre la gente"

Antes que cualquier cosa, déjame contarte de dónde sale esta frase, la persona que me ha la enseñó se llama Elsa Gámez, es una extraordinaria Líder y una Mujer como ninguna otra, una gran señora que me ha dado con su ejemplo una gran enseñanza de liderazgo, de apoyo y de servicio; es además una empresaria muy exitosa, un "Águila Dinámica", nuestras vidas se cruzaron hace un par de años cuando me decidí a convertirme en Consultora Profesional de Mary Kay, con ella como maestra me he dado cuenta del gran apoyo que esa compañía genera en millones de mujeres alrededor del mundo, y no es para menos ya que la filosofía y el legado de la señora Mary Kay se reproduce en cada una de las mujeres que decide tomar en serio la oportunidad de negocio y de vida que ofrece la compañía, una mujer Mary Kay es fuerte, honesta, siempre está parada en apoyo y en servicio para con los suyos primeramente, para con sus clientes a los que siempre hace sentir importantes y a la sociedad de la que forma parte porque es ejemplo viviente de poder, belleza y pasión por la vida, y todo eso lo tiene Elsa y cada una de las grandes líderes que formamos parte del equipo de ventas de Mary Kay.

Elsa, tiene una frase muy norteña, en ella se oye así, cuando se refiere a una persona valiosa "Es gente entre la gente", y cuando lo explica notas en todo su cuerpo y en lenguaje verbal y no verbal a lo que se refiere, gente entre la gente son personas que se distinguen de la mayoría porque tienen palabra, calidad y calidez humana, la "gente entre la gente" son seres humanos con principios y valores, su principal característica es que son confiables.

Entonces, cuando te digo que busques "gente entre la gente", me refiero a que no temas en encontrar a esas personas, no te conformes con cerrar ventas a cualquier gente, si bien no quiero parecer elitista, créeme que si consigues a una sola "gente entre la gente" sumarás muchísimo valor a tu vida, en todos los aspectos y el económico será un fuerte beneficiado, date a la tarea de conocer gente entre la gente, los vas a reconocer, porque son amables, y esta palabra también me gusta mucho, porque una persona amable no es sólo aquella que te sonríe y te genera calidez y calidad humana es una persona a la cual puedes "amar" en el sentido de amistad, no de amor de pareja, es amable, como por decir alguien que es moldeable, que se puede moldear, alguien que es amigable, por que se puede ser amigo de él, amable, siguiendo esta mi muy particular lógica de entendimiento serán aquellas personas que se dejen apoyar, no que buscan ser "cargadas" y ayudadas todo el tiempo, no; de esas ¡aléjate! Porque te hundirán con ellas, una persona amable sabe que tiene deficiencias y se permite ser apoyada por alguien más, ese tipo de persona "gente entre la gente" deberá ser de ahora en adelante tu cliente ideal, será su primera característica, y a con eso paso a la siguiente lección de "El secreto está en el Producto".

Conociendo a Gente entre la gente:

Para esta estrategia de conocer Gente entre la gente hay dos vías, una buscar esa Gente, entre la gente que ya conoces y dos, generar nuevas relaciones con gente nueva, ambas requieren de ti, que te lo propongas, de nada sirve que sepas que hay que generar Gente entre la gente si no pones en marcha alguna de estas dos estrategias. ¡Comencemos!

La primera estrategia es muy sencilla y es la que utilizo para encontrar clientes potenciales entre las personas que ya conozco, que son mis contactos ya sea por que compartimos un pasado en común o porque son contactos en las redes sociales, a su vez esta estrategia se divide en dos, una Directa y otra por Referidos.

Cuando inicias un negocio, debes darte a conocer, la publicidad de paga muchas veces no es tan eficiente como el tradicional "de boca en boca", esta táctica sólo vas a usarla una vez con tus contactos, de ahí saldrán algunos clientes y varios prospectos interesados en saber más, es importante que te conozcan y si son personas que sólo han interactuado contigo una sola vez, necesitas hacer que sepan de ti quién eres, actualmente con la tecnologia podemos acceder a muchas herramientas de marketing gratis para darnos a conocer, generas con esto una marca personal, un sello que te distingue y das a saber a tu interlocutor, que estás dispuesto o dispuesta a dar un servicio, que te dedicas a aportar valor a su vida, una de las formas más eficaces es el compartir información, mensajes, fotos y videos donde haces ver tu ideología y la visión de futuro que tienes respecto al mundo, en algunos de estos mensajes compartidos quizás pongas algo que convoca a tu interlocutor a interactuar más allá o sea a no ser un recipiente de información sino a generar una interacción con un link por ejemplo, que añadas a tus mensajes, de esa forma van apareciendo las Gentes entre la gente que conoces.

La segunda posibilidad para dar a conocer tu negocio es por medio de referidos, esto es que haces una invitación indirecta a las personas que ya conoces para que te ayuden a encontrar personas con las que puedas compartir tu oportunidad de negocio o de alguna manera aportarles valor a sus vidas, pero que tú directamente no conoces.

La estrategia para conocer a nueva gente es asistiendo una o dos veces por semana a "nidos de gente nueva", obviamente deben de cumplir las características de tu avatar o cliente ideal que ya debes de tener bastante definido, eso te da precisión y te ayuda a agilizar el proceso de conocer a nuevas personas con el perfil idóneo para tu negocio.

Este proceso es de análisis y de experimentar, debes apoyarte de la tecnología, de las redes sociales de los medios digitales que ya existen, Facebook, Instagram, Twitter, LinkedIn, etc. Además de que cheques en tu localidad, en la ciudad donde vives e idealmente cerca de tu casa o rumbos que frecuentas o que ya conoces para contactar en clubs, cámaras de comercio, iglesias, partidos políticos, y cualquier organización que sea afín a tu ideología pero que también sea fuente para encontrar nuevos clientes con las características de tu avatar.

Una vez encontrados esos lugares, debes tener precauciones recuerda que hay gente mal intencionada así que aprende a reconocer ese tipo de persona y por nada del mundo te expongas o expongas tu integridad o la privacidad de tu familia, no lleves a desconocidos a tu casa, "trabaja" en un café, donde seas cliente asiduo y te puedan de alguna manera proteger los empleados en caso de ser necesario, no acudas a bares o lugares con ambiente social de diversión si es para generar negocios esos lugares no son opciones muy viables, si puedes mostrar tu negocio si sales con un grupo de amigos y se dan las condiciones sólo menciónalo pero no te conviertas en él o la que sólo habla de su negocio, diviértete, pero separa tus tiempos para generar relaciones de oportunidad para multiplicar a tus conocidos.

Ponte una meta, es muy indispensable que te propongas conocer gente nueva cada semana, incluso cada día. Debes aprender a usar objetivos muy concretos y alcanzables para que puedas ir midiendo con un "gentómetro" los avances que tienes en ese rubro.

Empieza con una persona por semana durante los primeros dos meses, luego en el tercer mes sube un poco a seis personas por mes hasta alcanzar la cifra poco a poco de una persona por día, eso obviamente requiere de ti generar nuevas habilidades como una personalidad carismática, interesante y magnética.

Ya que conozcas nuevas personas, date tiempo de conocerlas y que te conozcan, y siempre da a conocer de ti tu negocio, no tu vida, en verdad la cotidianidad de nadie es interesante a menos que pertenezcas a un caso de estudio antropológico.

Mantén tu vida privada, privada, no oculta, simplemente muestra a las personas el valor que puedes aportar a sus vidas, no niegues nada de ti, pero si enfoca su atención en tus valores como persona, como vendedor, vendedora y como empresaria, empresario.

Ya has hecho la labor de conocer gente entre la gente, ya tienes una imagen que corresponde a tu ser y refleja tu capacidad de dar servicio y apoyo a los demás, ahora, simplemente espera lo mejor, lo que mereces es lo mejor, recibirás ganancias, claro que si, recibirás reconocimiento, desde luego, tu vida será abundante, dalo por hecho.

6 Pasos para cerrar ventas exitosas con "Gente entre la gente":

Ya has leído en este punto cuáles son las principales características de la "gente entre la gente"; ahora describiré las pasos que debes seguir ya que has conseguido a una persona de estas características:

1. Para que una persona sea tu cliente ideal como primer característica deberá ser "gente entre la gente", así es, no paro en insistir en este concepto, porque créeme, encontrar a ese tipo de personas no es fácil, pero tampoco debes conformarte con cualquiera en tu equipo de trabajo, y tus clientes forman parte activa de tu equipo.

2. El segundo paso una vez encontrado a una "gente entre la gente" es que puedas apoyarle a solucionar un dolor, ya sea que lo perciba o no, tu cliente, tiene algo que necesita de ti, puede ser un producto o un servicio, puede ser una oportunidad de tener un negocio, recuerda que cliente es toda aquella persona a la cual puedas servir y apoyar en algo, cualquiera, o sea, cualquier persona; si tu negocio es por ejemplo los bienes y raíces, pues tendrás que conseguir clientes confiables, que no se te vayan a "rajar" antes de cerrar el

trato, puede haber circunstancias que por falta de comunicación no se entiendan pero debes generar cierta comprensión para saber explicar muchas veces los beneficios de tu producto o servicio a tu cliente ideal, debes ser lo suficientemente paciente y tolerante para seguir siendo amable con ellos, ya sean tus clientes o tus prospectos, pasado el primer paso de encontrar a esa "gente entre la gente", lo segundo corresponde a saber definirle con exactitud su dolor, no vas a decirle algo como "yo sé que tener espinillas te duele" o "yo sé que tu deseo es tener una casa de estas características", ¡NO!, NUNCA LE DIGAS ESO, pero dáselo a entender con explicaciones claras y cortas, ¿cómo?, describiendo a detalle el producto y servicio agregándole valor a su vida, puedes generar ventas permanentes, ventas de alto valor, date tiempo de definir y analizar a tu cliente, y cómo puedes apoyarle en base a la información que él o ella misma te provean, no inventes o supongas nada, pregunta si crees que no entendiste algo de lo que te dijo, pídele que te ejemplifique a lo que se refiere para que al conocerle mejor le puedas brindar el servicio y puedas acceder a su área de ayuda.

3. Ya que hayas definido el "dolor" de tu cliente, diseña la estrategia para resolver ese dolor, y ese diseño debes de aprenderlo a ejecutar a la velocidad de la

luz, ten presente siempre en apoyarle porque a veces hay vendedores que por quedarse con el dinero de las personas son autoritarios o groseros, eso no vende, eso aleja de las personas, conviértete tú también en "gente entre la gente" cuando vendas, conviértete en "vendedor entre vendedores"; y ofrece algo que realmente sea una oportunidad y le sume a la vida de las personas que vas conociendo.

4. Acerca tu oferta y aléjala constantemente, no seas insistente, acecha con la técnica del Tigre Sigiloso de la característica 3 del Buen Vendedor que te comenté en el capítulo 5.

Analiza a tu cliente, mantente en silencio, deja que te enseñe sus puntos débiles, su "dolor" y después "ataca" con precisión en la solución de ese dolor, aprende a dejar que respire y elija irse contigo, que él o ella tomen la decisión solos, dales la libertad de que te elijan todos los días por el aporte de valor que les das, pero eso sí mantén esa relación con ellos aunque no tengas intención de vender directamente, una buena relación de cliente-vendedor se realiza muchas veces de manera indirecta, a veces surge entre la plática a lo que te dedicas o lo que vendes, en ese sentido mantén la postura relajada y aplica el Decálogo del Vendedor Confiable que revisamos en el capítulo 3.

5. Cierra una venta en cada interacción con tu cliente, esto quiere decir que la venta no es un proceso de un solo momento, no. Estás vendiendo todo el tiempo, y cuando entiendas ese principio de las ventas que dice que el vendedor lo es todo el tiempo y todos los días entenderás que no hay que andar como cazando siempre, pero siempre serás el "Tigre" que está dispuesto a dar servicio a su cliente, recuerda que no es una simple relación mercantil donde se intercambia un producto o servicio por dinero, es antes que cualquier cosa una relación de intercambio de valores, moviliza tu pensamiento hacia esta perspectiva mucho más madura y humana y tus relaciones en todas las áreas de tu vida se verán enriquecidas por ese pequeño pero profundo cambio de conciencia en ti.

6. Prepárate a recibir tu merecido, ¿se oye algo negativa esa frase verdad?, bueno, me gustaría que la pensaras en positivo, de la siguiente manera; recibir lo que uno merece, lo que TÚ MERECES, es estar preparado a ganar, a obtener más valor del esperado, más ingresos de los proyectados; preárate pue a recibir tu merecido.

Y con esto quiero concluir este pequeño pero amable librito, espera siempre lo mejor, eso es tu merecido, mereces lo mejor y lo recibirás así que mantén tu sonrisa de vendedor Líder y decídete a salir para conocer y apoyar a la gente entre la gente; para que juntos, tú, yo, nosotros, hagamos una nueva comunidad por medio de Redes de Valor en esta sociedad que históricamente nos necesita como PRODUCTOS VALIOSOS, así que sin más te felicito por haberme acompañado hasta este punto final y segura estoy de que recibirás ¡TU MERECIDO!

Agradeceré muchísimo tu retroalimentación a mi correo:
          contacto@kandypartemia.com

Y espero visites mi página:
          www.kandypartemia.com

SOBRE LA AUTORA

Primero me gustaría agradecerte el haber elegido este título como lectura, me encanta pensar en las personas como obras de arte siempre en transformación y siempre con el objetivo claro de perfeccionar su ser. Gracias por llegar a estas líneas.

Ahora déjame contarte un poquito de mí; desde mi infancia me ha gustado experimentar muchas situaciones que han hecho de mi vida una gran Universidad de Amor, mi madre se encargó de darnos a mi hermana y a mí las herramientas necesarias para sobresalir, como ella lo decía, sin embargo, yo vivía con muchos miedos, miedos de no ser aceptada, miedos de no entender lo que para otros era muy obvio, vivía oculta en mi imaginación, desarrollé muchas habilidades artísticas desde muy temprana edad, bailaba, cantaba, tocaba instrumentos musicales, componía canciones y hacia poemas desde los 5 años edad en que ya leía y a escribía gracias a mis tías y a mi madre que fueron y siguen siendo mis maestras y modelos a seguir, provengo de una gran familia de educadoras y desde muy pequeña sabía que lo mío era ser maestra, nunca me visualicé solamente como profesora, profesión que dignamente represento y que defiendo desde muchas trincheras; sin embargo, algo dentro de mí siempre me empujaba a buscar la maestría en lo que emprendía, iba hasta el meollo de las cosas, me hice una persona muy analítica y muy crítica, enfocaba mi visión en la trascendencia de la humanidad hacia una sociedad totalmente educada y éticamente equilibrada en responsabilidad con los otros seres y con el medio ambiente.

Siempre me he guiado por altos estándares de apoyo a mis congéneres y a todo ser sintiente, principalmente me gustaría apoyar en un futuro no muy lejano a transformar la realidad actual de los perros callejeros y desamparados, una de mis metas que mayormente me conmueve es poder generar los recursos económicos necesarios para fundar un alberge a campo abierto para estos pequeños y tiernos seres que son los canes, un lugar amplio con instalaciones veterinarias de primer nivel para que sean atendidos y rehabilitados con miras a ser adoptados por personas responsables, ese es el sueño que me supera y me conmueve hasta las lágrimas y me motiva a levantarme cada día a buscar nuevas oportunidades de generar recursos para ese fin, ese es mi propósito de vida; pero, déjame compartir contigo en confianza, que no siempre fue así…

Hace algunos años atrás me encontraba muy frustrada, mis relaciones de pareja habían fracasado, mi madre murió y con ella el compartir mis sueños y metas con alguien que me entendía a la perfección y que era mi cómplice de sueños. Me sentí muy sola, enfermé gravemente y en mi trabajo me expulsaron del grupo al que había invertido mucho tiempo, tiempo que le robé a mi madre y mi familia por un ideal que si bien es noble parecía que nunca estaba a la altura, eso me decepcionó bastante y hubo un momento en que pensé que simplemente moriría tras un suspiro; cosa que obviamente no pasó.

Mi vida dio un vuelco transformacional cuando invertí un poco del dinero que ganaba como profesora en un taller vivencial, fueron meses de mucha confrontación, de darme cuenta de quién era en realidad y qué era aquello que realmente quería hacer en mi vida, fue como haber vivido ¡veinte años con sus experiencias en tan solo unos meses!

Mi vida cambió por una razón muy sencilla: Yo cambié, cambié físicamente, cambié emocionalmente, cambié tan profundamente que casi no reconozco la persona que vivía en mí una década antes, y durante ese tiempo, me di cuenta que había estado conformándome, me conformé con el trabajo que tenía, me conformé en la relación que había "construido", me conformé con la salud que me daba mi estilo de vida y alimentación desorganizada, me conformé con medio vivir, esa era la realidad, muy cruda pero era MI REALIDAD; en ese momento que descubrí mi mediocridad y mi conformismo, tenía dos opciones, o me quedaba donde estaba, lamiéndome las heridas y vendiéndome el cuento que mi día de cambiar llegaría después, o simplemente dejaba de pensar en lo que no hice y me ponía a hacer lo que yo quería hacer y accionar cada una de mis áreas de vida (familia, pareja, trabajo, profesión, salud, medio ambiente, espiritualidad y las finanzas personales), entendí que YO ERA LA ÚNICA RESPONSABLE de las condiciones que tenía en ese momento, NADIE MÁS QUE YO HABÍA

LLEGADO AL PUNTO DONDE ESTABA Y NADIE MÁS QUE YO PODÍA HACER ALGO AL RESPECTO PARA SALIR DE ESE AGUJERO.

Es así como con enfoque, determinación, pero sobre todo accionando pude salir poco a poco de la zona de conformismo en que estaba y miré alto, hacia aquello que pensaba que no podía ser para mí, empecé a anhelar viajar mucho y lo hago, decreté una persona a mi lado con características físicas, emocionales y de carácter muy específicas y llegó, me propuse ser una mejor familiar y por la forma en que me tratan todos en mi familia y con mis amigos veo que lo conseguí, mi trabajo mejoró muchísimo, tengo compañeros que aunque un poco locos son los mejores tipos que he conocido y unos caballeros, cuando anteriormente me topaba con puro patán en mis centros de trabajo (con algunas excepciones claro, que aún son mis amigos), surgieron oportunidades maravillosas de ganar dinero, conozco y confío en un equipo de trabajo en cada una de mis áreas, y hoy por hoy sigo apuntando alto, volando hacia esa vida prometida que mi madre me inculcó que merecía y que tenía, ahora NUNCA, NUNCA, NUNCA, ME CONFORMO. Estoy dispuesta a pagar el precio de la excelencia, prefiero ocupar mi vida en esa Libertad que siempre añoré que pagar el precio por retroceder hacia el conformismo.

Y en este punto, quizá tengas muchas dudas, o quizá te estás identificando conmigo en algo, es doloroso, yo lo sé, pero déjame decirte con todo mi respeto hacia tus experiencias de vida y tu persona, que es mucho más doloroso permanecer en esa zona a la que ya te acostumbraste, quizá tienes una relación tóxica, quizá debes mucho dinero, tienes al tope tus tarjetas, tienes un trabajo absorbente, una familia demandante, una vida al límite y nunca tienes tiempo para hacer lo que quieres, viajar, leer, salir con amigos, quizá ausentarte por semanas en tu trabajo es imposible de pensarlo; sin embargo, esa zona de comodidad en que estás quiero que reflexiones contigo mismo, eso, eso ¡NO ES COMODIDAD!, ese conformismo no es cómodo, no lo es, estás pagando un precio muy alto, ese precio que pagas es lo único que nunca podrás obtener extra, eso es tu tiempo y tu tiempo es finalmente: TU VIDA.

La verdadera comodidad es poder levantarte a la hora que tu decidas, ir al trabajo en el que te sientes apreciado, salir y pasear a donde quieras con tu familia, tener una relación extraordinaria con la persona que realmente comparte su vida contigo, una persona que te dé mucho más que compañía y pleitos eventuales, eso sí es cómodo y es cómodo porque estás feliz, los días pasan sin que te des cuenta, disfrutas haciendo y compartiendo con todos los seres sintientes que te topas, te conviertes en fuente de alegría, optimismo y entonces, la magia empieza a suceder, tu vida cambia por que ¡TÚ YA HAS CAMBIADO!

No me malinterpretes, no es sólo que te unas al "club de los optimistas" y no veas cómo está el mundo, no, no, no, nada más lejano que eso, claro que eres consciente de la realidad, del mundo, de la explotación del hombre por el hombre, de la posibilidad de la desaparición de la especie humana por la contaminación y la amenaza de una guerra mundial atómica. Debes estar consciente de que el mundo ocupa ayuda, ocupa de ti, ocupa de que dejes de hacerle al "tonto" con tus pequeñas deudas y tus pequeños problemas de vida, ocupa de ti porque eres un ser único, no hay, ni hubo, ni habrá un ser como tú, y allá afuera, está esa persona con la que vas a compartir la vida, viviendo, allá está esa criatura a la que vas a cambiarle su día con una sonrisa, con un juguete, con una visita a su asilo, a un hospital; allá está esa persona que te hará feliz en el momento en que salgas de tu pequeño "mundito" y veas que todos somos uno, que tenemos la grandeza de un dios en nosotros, que somos más que aquello de lo que nos dijeron en la escuela, en la iglesia y muchas veces en la casa.

Hay una razón para contarte esto y esta es para que sepas que hay otros como tú, o si eres joven para que sepas que debes ocupar tu tiempo en sumar valor a otras personas, desde mis fracasos, quiero acompañarte con mis palabras hacia una excelente vida que es la que realmente mereces, quiero que me veas como tu espejo pero también como tu apoyo, que sepas que nunca vas a estar solo o sola, que tomes decisiones informadas, pero que las tomes por ti, que nunca te menosprecies, porque ¡TÚ VALES MUCHO! Y todo el mundo ocupa de ti, de que despliegues tus talentos y adquieras el primer compromiso que es contigo mismo, un compromiso que se debe ver reflejado en acciones, pasar de estar "Vencido a Vencedor"

(Título de mi primer libro en coautoría), requiere que modifiques tus creencias, déjame explicarte algo.

Como maestra, en la normal (escuela para maestros de educación básica) y en la universidad nos enseñan a seguir un plan de estudios con nuestros alumnos, estos planes de estudios no tienen que ver con las personas que los aplicamos, tampoco con los alumnos o la comunidad de aprendizaje que se desarrolla durante el ciclo escolar, no, esos programas salen de instituciones internacionales, ¿te imaginas eso? Una organización extranjera nos dice a cada país qué es lo que debe enseñarse en las escuelas, y eso no tendría mucho problema en sí, sino que ellos tiene un proyecto para cada país, por ejemplo los latinoamericanos productores de materias primas, de mano de obra barata, y entonces resulta que cuando muchos de nuestros jóvenes en base a su esfuerzo y el apoyo de sus mentores logran un desarrollo científico, lo lógico sería que se les diera apoyo la iniciativa privada y el gobierno para que siguieran desarrollando la ciencia en nuestros países, eso no pasa, estos grandes cerebros no son publicitados, nadie se da cuenta de que existen, es más quizá en este momento hasta dudes de lo que digo, casi puedo verte diciendo "aquí no pasa eso, no tenemos científicos, todos son gringos o alemanes", sin embargo, los hay, hay grandes científicos que se van, se fugan del país, y ¿adónde se van? Pues a los países que, sí pagan, que, sí difunden, y que, por supuesto que sí priorizan estudiantes cultos e integrales.

Me da tristeza reconocer pero he podido comprobar que es durante los primeros seis años de escolaridad que el sistema escolar "mata" la iniciativa, la creatividad, hace de los alumnos seres domesticados y eso para una persona que como yo soñaba con apoyar a sus alumnos a explotar su potencial es lo más triste que me pasa en mi labor docente, encontrar pequeños de doce o trece años sin ninguna iniciativa, esperando a que les llegue la ayuda gubernamental a sus padres y esa sea la única de sus motivaciones para asistir a la escuela. La domesticación incluye el decirnos que no debemos, que no podemos, que no, que no.

Entonces vengo yo y te digo que sí, que sí se puede, que puedes hacerlo y además debes hacerlo porque eres único, única, y que simplemente hagas aquello que te haga feliz y te acerque a cumplir tus metas más altas, te invito a que nunca te conformes y te digo al oído: ¡MUÉVETE! ¡MUÉVETE! ¡MUÉVETE!.

Te hago esta pequeña descripción de mi persona, me reconozco como un sujeto situado, en un tiempo, en un contexto históricos ambos que me ha tocado compartir contigo; este pequeño libro, surge de mi necesidad por mejorar de alguna forma la vida de las personas en mi país México, en toda América Latina y alrededor del mundo.
Tu amiga Kandy Partemia
Sigo en servicio para ti.